AF273250

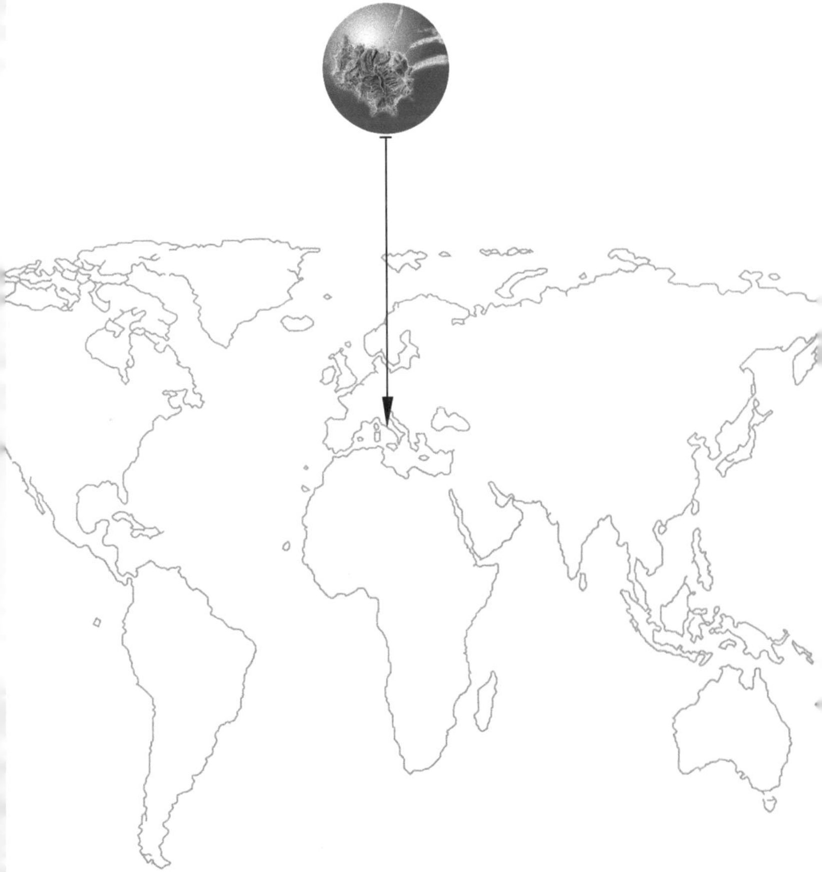

EDITION TOSKANA-BUCH

Speisekarten-Glossar
Italienisch/Deutsch

Glossario dei menu
italiano/tedesco

Gerd Malcherek

Indicazioni per l'uso di questo libretto

Oltre che ai lettori tedeschi, questo libretto può essere utile ai ristoratori italiani per rendere comprensibile il proprio menu agli ospiti tedeschi, un gesto che sarà sicuramente apprezzato. Tuttavia è bene ricordare che la lingua tedesca è caratterizzata da complesse composizioni verbali (vedi divertente epilogo) e da una grammatica articolata, simile al latino. Se un ristoratore usa questo glossario per la traduzione del suo menu, non esiti quindi a chiedere a uno dei suoi ospiti tedeschi una rilettura e ad apportare le correzioni che gli verranno suggerite: molti tedeschi conoscono e apprezzano una grammatica corretta!

Disclaimer: Poiché molti dati e informazioni sono suscettibili a variazioni, consigliamo i lettori di accertarsene preventivamente. L'autore non si assume alcuna responsabilità per danni o inconvenienti subiti in conseguenza di errori e informazioni contenuti in questo glossario.

Guten Appetit!

Gebrauchshinweise für Italienreisende

Für zwei Zielgruppen wurde dieses Büchlein zusammen gestellt: Für Italienreisende natürlich, die anders als in den heimischen Pizzerien das Nichtvorhandensein von deutschen Übersetzungen der angebotenen Speisen vermissen werden, und für italienische Gastronomen, die mit Hilfe dieses Glossars diese sprachliche Lücke schließen könnten. Warum das den Italienern nicht leicht fällt, lesen Sie im Epilog dieses Büchleins.

Mehr als 3.000 Einträge finden Sie in den Listen, sortiert von Vorspeisen bis Süßspeisen. Tatsächlich könnten die Listen fast unendlich lang sein. Ich habe also versucht, das Wichtigste für Sie auszuwählen. Da der Phantasie der Gastronomen keine Grenzen gesetzt sind, wurden allzu illustrative, aber wenig aussagekräftige Namen auf Speisekarten ignoriert. Gleiches gilt für Dialekte und lokale Sonderformen.

Disclaimer: Die Einträge in diesem Buch sind Veränderungen und Schwankungen unterworfen. Wir empfehlen daher, die Angaben aktuell zu verifizieren. Der Autor lehnt jegliche Verantwortung für mögliche Schäden (Magenverstimmungen oder allergische Reaktionen) oder Probleme durch falsche oder ungenaue Informationen ab.

Buon appetito!

Kompilation & Gestaltung | Compilazione & design: Gerd Malcherek.
Lektorat, Italienisch | Revisione italiana: Roberta Anderson, PSS.
Lektorat, Deutsch | Revisione tedesca: Christina Max, PSS.
Copyright © 2009, Gerd Malcherek

Herstellung und Verlag | Produzione e casa editrice:
Books on Demand GmbH, Norderstedt.
Redaktionsschluss für diese Ausgabe | Fine stampa: 1/2009.

Die Deutsche Nationalbibliothek verzeichnet diese Publikation in der Deutschen Nationalbibliografie; detaillierte bibliografische Daten sind im Internet über http://dnb.d-nb.de abrufbar.

ISBN: 978-3-8370-4523-9
Internet: www.argentario-almanacco.it

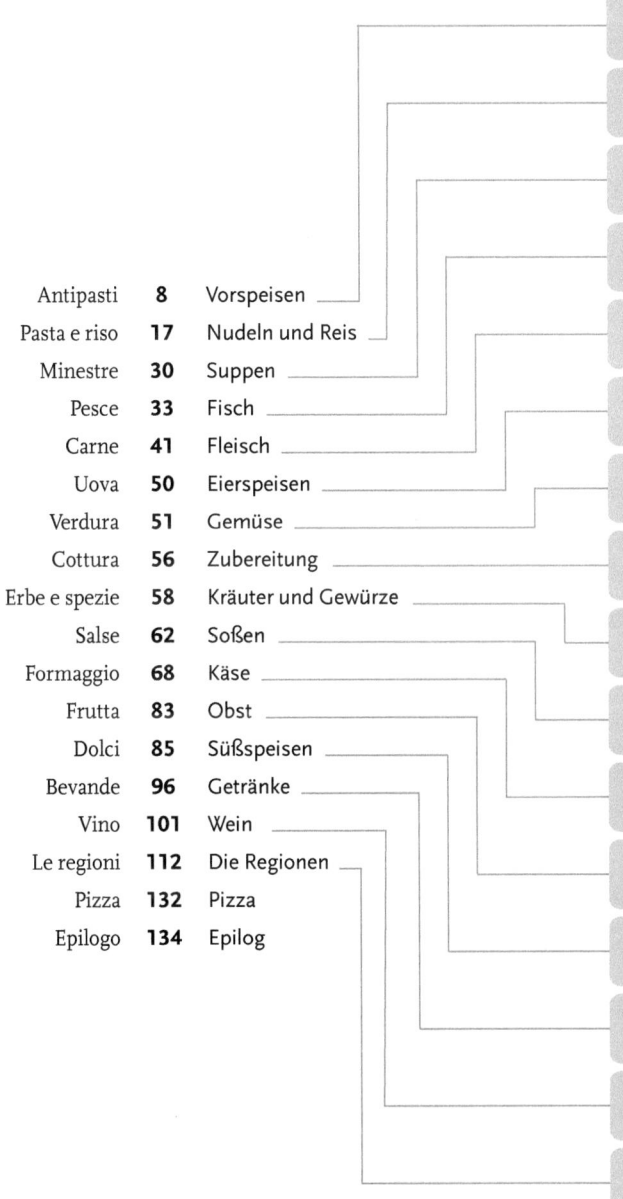

Antipasti	**8**	Vorspeisen
Pasta e riso	**17**	Nudeln und Reis
Minestre	**30**	Suppen
Pesce	**33**	Fisch
Carne	**41**	Fleisch
Uova	**50**	Eierspeisen
Verdura	**51**	Gemüse
Cottura	**56**	Zubereitung
Erbe e spezie	**58**	Kräuter und Gewürze
Salse	**62**	Soßen
Formaggio	**68**	Käse
Frutta	**83**	Obst
Dolci	**85**	Süßspeisen
Bevande	**96**	Getränke
Vino	**101**	Wein
Le regioni	**112**	Die Regionen
Pizza	**132**	Pizza
Epilogo	**134**	Epilog

Antipasti = Vorspeisen

A

affettati di selvaggina . . . . gemischter Wildaufschnitt
affettato misto . . . . gemischter Aufschnitt
alici farcite in scapece . . . . gefüllte Sardellen
alici fritte e marinate . . . . frittierte marinierte Sardellen
anguilla fritta all'agro . . . . frittierter Aal, sauer eingelegt
anguilla marinata alle erbe . . . . . marinierter Aal mit Kräutern
antipasti al carrello . . . . Vorspeisen vom
                                        Servierwagen
antipasto assortito . . . . gemischte Vorspeise
antipasto di pesce . . . . Fischvorspeise
antipasto vegetariano . . . . vegetarische Vorspeise
aringa affumicata . . . . geräucherter Hering
aringhe fresche marinate . . . . . . frische marinierte Heringe
aspic di gamberetti . . . . Krabben in Aspik
aspic di verdure . . . . Gemüse in Aspik
assortimento di antipasti tipici . . typischer Vorspeisenteller
avocado ai gamberetti . . . . Avocado mit Krabben

B

barchette alle acciughe . . . . Teigschiffchen mit Sardellen
barchette di astice con
  insalata di pesce . . . . Hummerschiffchen mit
                                        Fischsalat
barchette di zucchine
  con ragù di pesce . . . . Zucchinischiffchen
                                        mit Fischragout
bastoncini al formaggio . . . . Käse-Teigstäbchen
bastoncini di sfoglia
  alle acciughe . . . . Blätterteigstäbchen mit
                                        Sardellen
bauletti con verdure
  e formaggio . . . . Teigpastetchen mit
                                        Gemüse und Käse
bavarese di pomodori
  con salsa di finocchio . . . . Tomatenflan mit
                                        Fenchelsoße
bignè al fegato d'oca . . . . Windbeutel mit
                                        Gänseleberpastete
bignè al formaggio . . . . Käse-Windbeutel
bignè alle acciughe . . . . Sardellen-Windbeutel

bignè con spuma di prosciutto .. Windbeutel mit
    Schinkenmousse
biscotti salati alle erbe........ salziges Gebäck mit
    Kräutern
blinis frittatine lievitate
  con grano saraceno.......... Blinis (Hefeplinsen aus
    Buchweizenmehl)
bocconcini ai gamberetti....... Krabbenhäppchen
bocconcini al pollo............ Geflügelhäppchen
bocconcini alla selvaggia...... Wildbrethäppchen
bocconcini di polenta
  con funghi................. Polenta-Häppchen
    mit Pilzen
bottarga di tonno
  su cuore di sedano .... gepresster und getrockneter
    Thunfischrogen auf
    Sellerieherz
bottarga (uova secche
  pressate di cefalo)........... gepresster und getrockneter
    Meeräschenrogen
brioche agli asparagi .... Spargel-Croissant
brioche farcita con crema
  di formaggio .... Croissant mit
    Käsecremefüllung
bruschetta .... geröstete Brotscheibe mit
    Knoblauch und Olivenöl
budino di spinaci
  con salsa di formaggio .... Spinatpudding
    mit Käsesoße

C

canapè al caviale .... Kaviar-Canapès
canapè al prosciutto.......... Schinken-Canapès
canapè al salmone .... Lachs-Canapès
canapè assortiti .... gemischte Canapès
cannoli di prosciutto .... Schinkenröllchen
cappesante alla griglia .... Jakobsmuscheln vom Grill
carne secca di vitello
  con olio e limone .... luftgetrocknetes Kalbfleisch
    mit Öl und Zitrone
carni fredde .... kalter Fleischaufschnitt
carpaccio di storione
  (fettine sottili di pesce
  crudo marinato) .... Stör-Carpaccio (hauchdünne
    rohe, marinierte Scheiben)
carpaccio d'oca
  (fettine sottili di carne d'oca
  cruda marinata) .... Gänse-Carpaccio
    (hauchdünne, rohe,
    marinierte Scheiben)
caviale .... Kaviar
caviale pressato .... Presskaviar

cavolo farcito con salmone . . . . . mit Lachs gefüllter Kohl
cestini di riso . . . . Reiskörbchen
cestino di sfoglia . . . . Blätterteigkörbchen
cetriolini sottoceto . . . . Cornichons (Essiggurken)
ciambella di salmone in gelatina . Lachs-Aspikring
ciccioli . . . . Grieben
cipolline sottoaceto . . . . Silberzwiebeln, sauer
eingelegt
club sandwich . . . . Club-Sandwich
cocktail di frutta . . . . Fruchtcocktail
cocktail di gamberetti . . . . Krabbencocktail
cocktail di scampi . . . . Scampi-Cocktail
conchiglie di pasta ripiene . . . . . gefüllte Teigmuscheln
cornetti di prosciutto . . . . Schinkenhörnchen
corona di verdure . . . . Gemüsering
cozze alla marinara
con aglio e olio . . . . Miesmuscheln nach
Matrosenart mit Öl
und Knoblauch
crema fritta al formaggio . . . . . . frittierte Käsecreme
crespella al salmone . . . . Crêpe mit Lachs
crespelle ai funghi fritte . . . . frittierte Crêpes mit Pilzen
crocchette di grano . . . . Kornkroketten
crocchette di pesce . . . . Fischkroketten
crocchette di pollo . . . . Hähnchenkroketten
crocchette di riso . . . . Reiskroketten
crostata di cipolle . . . . Zwiebelkuchen
crostata di sogliola . . . . Seezungenkuchen
crostini . . . . Röstbrote
crostini ai fegatini di pollo . . . . . Röstbrote mit Hühnerleber
crostini ai funghi . . . . Röstbrote mit Pilzen
crostini al pollo . . . . Röstbrote mit Hühnchen
crostini alla selvaggina da pelo . . Röstbrote mit Wildpastete
crostini con pâté di coniglio . . . . Röstbrote mit
Kaninchenpastete
crostini di polenta con porcini . . Polentahäppchen mit
Steinpilzen
crostoni al formaggio . . . . Röstbrote mit Käse
crudità verdure crude . . . . Rohkostgemüse
cuori di sedano al gorgonzola . . . Sellerieherzen
mit Gorgonzola

D

dadolata di dentice marinato . . . . Würfel von marinierter
Zahnbrasse
dadolata fritta
di polenta e formaggio . . . . gebackene Polenta-
Käse-Würfel

delizie al formaggio . . . . Käseleckereien

F

fagottini alle acciughe . . . . Blätterteigpastetchen
mit Sardellen

fagottini di sfoglia al formaggio . Blätterteigpastetchen
mit Käse

fagottino di sfoglia
con mousse di pesce . . . . Blätterteigpastetchen mit
Fischmousse

fegato d'oca in gelatina . . . . Gänseleberpastete in Gelee

fegato grasso d'oca . . . . Gänseleberpastete

filetti di acciuga . . . . Sardellenfilets

filetti di sogliola . . . . Seezungenfilets

fiori di zucchine
ripieni di ricotta . . . . mit Ricotta gefüllte
Zucchiniblüten

flan con zucchine e pomodoro . . Zucchini-Tomatenkuchen

fondi di carciofo ripieni . . . . gefüllte Artischockenböden

fonduta di formaggio con funghi . Käsefondue mit Pilzen

frittelle al formaggio . . . . Käsebeignets

frittelle alle acciughe . . . . Sardellenbeignets

frittelle di baccalà . . . . Stockfischbeignets

frutti di mare su ghiaccio . . . . . . Meeresfrüchte auf Eis

funghi porcini marinati . . . . marinierte Steinpilze

funghi porcini sottolio . . . . in Öl eingelegte Steinpilze

G

galantina di anatra . . . . Entengalantine

galantina di pollo . . . . Hühnergalantine

gamberetti in gelatina . . . . Krabben in Gelee

gazpacho (zuppa fredda
di verdure crude) . . . . Gazpacho (kalte Suppe
aus rohem Gemüse)

gelatina di pesce con verdure . . . Fischgelee mit Gemüse

ghiottonerie fredde . . . . kalte Leckerbissen

gnocchi di pesce con verdure . . . Fischklößchen mit Gemüse

gratin di verdure . . . . Gemüsegratin

I

insaccati misti . . . . gemischte Wurstplatte

insalata di carne . . . . Fleischsalat

insalata di carne di cavallo . . . . . Pferdefleischsalat

insalata di fagiano e rucola . . . . . Fasanensalat mit Gartenrauke

insalata di frutti di mare . . . . Meeresfrüchtesalat

insalata di funghi . . . . Pilzsalat

insalata di muso di manzo . . . . . . Ochsenmaulsalat

insalata di nervetti . . . . Salat von gekochten
Kalbsknorpeln

insalata nizzarda . . . . Nizza-Salat
insalata di patate . . . . Kartoffelsalat
insalata di pesce. . . . . Fischsalat
insalata di pollo . . . . Geflügelsalat
insalata di riso . . . . Reissalat
insalata di sedano . . . . Selleriesalat
insalata russa (verdure lesse
  a cubetti con maionese) . . . . . . russischer Salat
                    (gekochte Gemüsewürfel
                    mit Mayonnaise)
insalata tiepida di indivia riccia
  con pancetta . . . . warmer Endiviensalat
                    mit Bauchspeck
insalata tiepida
  di trota affumicata . . . . warmer Räucherforellensalat
involtini di carne cruda . . . . rohe Fleischrouladen
involtini di salmone affumicato
  con insalata russa . . . . Räucherlachsrouladen
                    mit russischem Salat
involtini di verdure
  in foglie di vite . . . . Gemüserouladen
                    in Weinblättern
involtino di melanzana . . . . Auberginenroulade
lingua salmistrata . . . . Pökelzunge

M

melanzane alla parmigiana . . . . . Auberginen-Auflauf
melone al Porto . . . . Melone mit Portwein
millefoglie al formaggio . . . . Käse-Blätterteigschnitte
millefoglie alle verdure . . . . Gemüse-Blätterteigschnitte
mousse. Mousse
mousse di aragosta . . . . Langustenmousse
mousse di branzino
  su letto di lattuga . . . . Seebarschmousse
                    auf Lattichbett
mousse di fegato d'oca
  con gelatina di pomodoro. . . . . Gänselebermousse
                    mit Tomatengelee
mousse di peperoni . . . . Paprikamousse
mousse di prosciutto . . . . Schinkenmousse
mousse di salmone . . . . Lachsmousse
mozzarella in carrozza . . . . frittiertes Mozzarella-Sandwich

N

nidi di patate farciti . . . . gefüllte Kartoffelnester

O

olive farcite fritte. . . . . gefüllte gebackene Oliven
olive nere . . . . schwarze Oliven
olive ripiene . . . . gefüllte Oliven

olive snocciolate . . . . entkernte Oliven
olive verdi . . . . grüne Oliven
ostriche fritte. . . . . gebackene Austern
ostriche gratinate Mornay . . . . . . Austern mit Mornay-Soße
      überbacken

P

palline al formaggio. . . . . Käsebällchen
parmigiana di melanzane . . . . . . Auberginen-Auflauf
pasta fritta con crema
  di acciughe . . . . frittierte Teigbällchen
      mit Sardellencreme
pasticcini salati . . . . Salzgebäck
patate ripiene con salmone . . . . . mit Lachs gefüllte Kartoffeln
pâté di cacciagione su crostone. . Wildpastete auf Röstbrot
pâté di carne . . . . Fleischpastete
pâté di fegato . . . . Leberpastete
pâté di funghi e noci . . . . Pilz-Nuss-Pastete
pâté di prosciutto. . . . . Schinkenpastete
pâté di vitello in gelatina . . . . Kalbsleberpastete in Aspik
pâté di fegato d'oca . . . . Gänseleberpastete
peperoni farciti . . . . gefüllte Paprikaschoten
peperoni marinati . . . . marinierte Paprikaschoten
peperoni sottaceto . . . . in Essig eingelegte
      Paprikaschoten
peperoni sottolio . . . . in Öl eingelegte
      Paprikaschoten
pesce in carpione fritto
  e marinato. . . . . frittierter, marinierter Fisch
petto di cappone in insalata. . . . . Kapaunbrustsalat
petto d'oca affumicato
  su insalata di campo . . . . geräucherte Gänsebrust
      auf Feldsalat
piatto freddo . . . . kalte Platte
pinzimonio . . . . Rohkostdip
pizzette assortite . . . . Auswahl an kleinen Pizzas
polenta fritta con salsiccia. . . . . . gebackene Polenta mit Wurst
polpette di carciofi fritte . . . . frittierte Artischockenbällchen
polpette di melanzane . . . . Auberginenbällchen
polpette di riso agli aromi . . . . . . Reisfrikadellen mit Gewürzen
pomodori alla russa. . . . . russische Tomaten
pomodori farciti. . . . . gefüllte Tomaten
prosciutto crudo e fichi . . . . roher Schinken
      mit frischen Feigen
prosciutto crudo e melone . . . . . roher Schinken mit Melone
punte di asparagi in insalata . . . . Spargelspitzensalat
pâté casereccio. . . . . hausgemachte Pastete

Q

quiche al rombo . . . . Steinbutt-Quiche
quiche di verdure . . . . Gemüse-Quiche
quiche lorenese . . . . Quiche Lorraine

R

ramequins (tartellette
al formaggio) . . . . Käsetörtchen
ravioli al formaggio fritti . . . . gebackene Käse-Ravioli
rissoles (sfogliatine ripiene) . . . . gefüllte Blätterteigplätzchen
rosette di anguilla in agrodolce . . süßsauer eingelegte
Aalrosetten
rotolini di prosciutto crudo
e fichi . . . . rohe Schinkenröllchen
mit frischen Feigen

S

salame alla piastra con polenta . . Wurst vom Rost
mit Polenta
salame cotto con aceto
in salsa di cipolline . . . . in Essig gekochte Wurst
mit Zwiebelsoße
salmone affumicato . . . . Räucherlachs
salmone marinato all'aneto . . . . . Lachs in Dillmarinade
salsiccia di pesce . . . . Fischwurst
salumi assortiti . . . . gemischte Wurstplatte
sandwich ai gamberetti . . . . Krabben-Sandwich
sandwich al formaggio . . . . Käse-Sandwich
sandwich al pollo . . . . Geflügel-Sandwich
sandwich al prosciutto . . . . Schinken-Sandwich
sardine sottolio . . . . Ölsardinen
sauté di calamari . . . . sautierte Calamari
sauté di vongole . . . . sautierte Venusmuscheln
scampi crudi marinati
in aceto con rucola . . . . in Essig marinierte rohe
Scampi mit Gartenrauke
scrigno di pasta
con spuma di prosciutto . . . . . . Teigtasche mit
Schinkenmousse
scrigno di sfoglia alle verdure . . . Blätterteigtasche
mit Gemüse
sedano rapa grattugiato
con salsa alla panna
e senape . . . . geriebener Knollensellerie
mit Rahmsoße und Senf
sfogliatine . . . . Blätterteigplätzchen
sfogliatine ai funghi . . . . Blätterteigplätzchen
mit Pilzfüllung
sfogliatine al prosciutto . . . . Blätterteigplätzchen
mit Schinken

sformato agli scampi . . . . Scampiauflauf
sformato di formaggio . . . . Käseauflauf
sformato di verdure . . . . Gemüseauflauf
sorbetto di pomodoro . . . . Tomaten-Sorbet
sottaceti . . . . Mixed Pickles
soufflé al formaggio . . . . Käsesoufflé
soufflé di crostacei . . . . Krustentieresoufflé
soufflé di pesce . . . . Fischsoufflé
spiedini di formaggio . . . . Käsespießchen
spiedini di salumi . . . . Wurstspießchen
spuma . . . . Mousse
strudel di salmone e patate . . . . Lachs-Kartoffelstrudel
strudel di verdure . . . . Gemüsestrudel
stuzzichini al formaggio . . . . . . Käse-Appetithäppchen

T

tartara di trota (trota cruda
    tritata aromatizzata) . . . . Forellen-Tartar (gehackte
                                                und gewürzte rohe Forelle)
tartellette . . . . Törtchen
tartellette al formaggio . . . . Käsetörtchen
tartellette alle verdure . . . . Gemüsetörtchen
tartine . . . . Canapés
terrina di fegato d'oca . . . . Gänseleberterrine
terrina di gamberi con gelatina . . Garnelenterrine mit Gelee
terrina di maiale in crosta . . . . . Schweinefleischterrine
                                                in Teigkruste
terrina di verdure
    con salsa di pomodoro . . . . . . Gemüseterrine mit
                                                Tomatensoße
timballo di luccio
    in salsa di menta . . . . Hechttimbale in Minzsoße
timballo di sogliola in gelatina . . Seezungentimbale in Gelee
toast ai funghi . . . . Pilztoast
tonno sottolio . . . . in Öl eingelegter Thunfisch
torta al formaggio . . . . pikanter Käsekuchen
torta di sfoglia farcita
    con bietole . . . . mit Mangold gefüllte
                                                Blätterteigtorte
tortino ai funghi . . . . Pilztörtchen
tortino alle alici . . . . Sardellentörtchen
tramezzini . . . . Sandwiches
tronchetti ai funghi . . . . Pilzstämmchen
tronchetto al salmone . . . . Lachsstämmchen

U

uova alla russa . . . . russische Eier
uova di lompo . . . . Lumpfischrogen

uova di salmone salate......... gesalzener Lachsrogen

uova ripiene................. gefüllte Eier

V

valigette di melanzane
con crema di formaggio ...... Auberginentaschen
mit Käsecreme

verdure ripiene .... gefülltes Gemüse

verdure sottaceto............ in Essig eingelegtes Gemüse

verdure sottolio .... in Öl eingelegtes Gemüse

vitello tonnato .... kaltes Kalbfleisch
in Thunfischsoße

vol-au-vent .... Königinpastetchen,
Blätterteigpastetchen

vol-au-vent con verdure........ Königinpastetchen
mit Gemüse

vongole alla marinara .... Venusmuscheln
nach Matrosenart

Z

zucchine farcite
con ricotta ed erba cipollina... Zucchini gefüllt mit
Ricotta-Käse und Schnittlauch

zuppa di frutti di mare .... Meeresfrüchtesuppe

zuppetta di molluschi
e crostacei................ Suppe aus Weich- und
Krustentieren

Pasta e riso = *Nudeln und Reis*

A - B

agnolini . . . . *Nudelform;* gefüllte Nudeln

agnolini in brodo . . . . gefüllte Nudeln in Brühe

agnolotti. . . . . *Nudelform;* quadratische, teils halbrunde, gefüllte Nudeln

anelli . . . . *Nudelform;* Ringe

anellini. *Nudelform;* kleine Ringe

arancini di riso. . . . . Reiskroketten

aschak . . . . Nudeltaschen mit Lauchfüllung

assaggio di primi piatti di pesce . Sortiment von Nudelgerichten mit Fischsoße

barbine. *Nudelform;* Nudelnester aus Fadennudeln

bavette . . . . *Nudelform;* schmale Bandnudeln

bavettine . . . . *Nudelform;* kleine, schmale Bandnudeln

bavette . . . . flache Spaghetti

bigoli . . . . *Nudelform;* dicke Spaghetti

bocconcini di pasta
alle sogliole. . . . . Nudelhäppchen mit Seezungenfüllung

bucatini . . . . *Nudelform;* dünne Hohlnudeln

bucatini ai frutti di mare . . . . dünne Hohlnudeln mit Meeresfrüchten

bucatini al tuorlo d'uovo . . . . dünne Hohlnudeln mit Eigelb

C

calamarata . . . . *Nudelform;* ringförmige Hohlnudeln

calamari. . . . . *Nudelform;* kurze, ringförmige Hohlnudeln

campanelle. . . . . *Nudelform;* kurze, gerollte Röhrennudeln

canalini . . . . *Nudelform;* dünne Nudel mit Kanalform

candele. *Nudelform;* (wörtlich: Kerzen) dicke, sehr lange Hohlnudeln

cannelloni . . . . *Nudelform;* dicke Nudelröhren, gefüllt cannelloni alle uova. . . . . Cannelloni mit Eiern

canneroni. . . . . *Nudelform;* dicke, kurze
Hohlnudeln

capellini . . . . *Nudelform;* (wörtlich:
Härchen) lange Fadennudeln,

capelli d'angelo . . . . *Nudelform;* (wörtlich:
Engelshaar) Nudelnester
aus Fadennudeln

cappelletti . . . . *Nudelform;*
(gefüllte) Hütchen

carbonara. . . . . Nudeln mit Speck
und rohem Ei

casarecce . . . . *Nudelform;* gedrehte Nudeln

castellane. . . . . *Nudelform;* gedrehte
geriffelte Nudeln

cataneselle . . . . *Nudelform;* leicht gebogene
Röhren

cavatappi . . . . *Nudelform;* Korkenzieher

cavatelli . . . . *Nudelform;* Röhrennudeln

celentani . . . . *Nudelform;* Locken

chifferi. . . . . *Nudelform;* Hörnchen

chitarrine caserecce. . . . . *Nudelform;* Bandnudeln,
apfelstrudelförmig aufgerollt

ciocia della badessa . . . . *Nudelform;* große Muscheln

conchiglie . . . . *Nudelform;* Muschelnudeln

conchiglioni. . . . . *Nudelform;* sehr große
Muschelnudeln

corallini . . . . *Nudelform;* kleine, hohle
Suppennudeln

cotelli. . . . . *Nudelform;* Korkenzieher

crespelle al formaggio . . . . Crêpes mit Käsefüllung

crespelle al pesce
con salsa di pomodoro . . . . Fisch-Crêpes mit
Tomatensoße

crespelle di grano saraceno. . . . . Buchweizenmehl-Crêpes

creste di gallo. . . . . *Nudelform;* wörtlich:
Hahnenkämme

D

ditali. . . . . *Nudelform;* Hütchen

ditalini . . . . *Nudelform;* Fingerhütchen,
kleine sehr kurze Hohlnudeln

ditaloni. *Nudelform;* kleine kurze
Hohlnudeln

E

eliche . . . . *Nudelform;* riesige
Spiralnudeln

elicoidali . . . . *Nudelform;* leicht geriffelte
Hohlnudeln

F

fagottini . . . . kleine gefüllte Teigtäschchen

fagottini al formaggio
con erbe aromatiche . . . . Käse-Teigtaschen
mit Gewürzkräutern

fagottini al granchio
con sugo di pesce . . . . Teigtaschen mit Krebsfleisch-
füllung und Fischsoße

fagottini di radicchio
con salsa di funghi . . . . Teigtaschen mit Radicchio-
Füllung und Pilzsoße

fagottini di ricotta ed erbe
al sugo di piccione . . . . Teigtaschen mit Ricotta-
Kräuterfüllung und
Taubenfleischsoße

farfalle . . . . Nudelform; Schmetterlinge

farfalle allo zafferano
e zucchine . . . . Nudeln in Schmetterlingsform
mit Saffran und Zucchini

farfalle tonde . . . . Nudelform; seitlich runde
Schmetterlingsnudeln

farfalle tricolori . . . . Nudelform; dreifarbige
Schmetterlinge

farfalline . . . . Nudelform; kleine
Schmetterlinge

farfalloni . . . . Nudelform; große
Schmetterlinge

fettuccelle . . . . Nudelform; schmale
Bandnudeln

fettuccine . . . . Nudelform; etwas schmalere
Bandnudeln

filini . . . . Nudelform; dünne, schmale
Suppennudeln

fiocchi rigati . . . . Nudelform; wie Farfalle,
aber ohne Zacken

fiori . . . . Nudelform; blütenförmig

fisarmoniche . . . . Nudelform; gedrehte Nudeln
mit Wellen

fricelli . . . . Nudelform; Nudeln aus
kleinen gerollten Teigscheiben

fusilli . . . . Nudelform; spiralenförmig

fusilli bucati . . . . Nudelform; etwas engere
Spiralenform

fusilli lunghi . . . . Nudelform; lange
Spiralnudeln

fusilli lunghi bucati . . . . Nudelform; gedrehte
Nudeln

fusilli napoletani . . . . Nudelform; gedrehte
Hohlnudeln

fusilli spirale . . . . Nudelform; Spiralnudeln

19

G

garganelli . . . . *Nudelform;* kurze, gerollte
Röhrennudeln

gemelli . . . . *Nudelform;* (wörtlich:
Zwillinge) zwei gedrehte
und miteinander verzwirbelte
Nudeln

gigli . . . . (Nudelform: wörtlich: Lilien)
blütenkelchförmig

girandole . . . . *Nudelform;* kleine
gedrehte Nudeln

gnocchetti . . . . kleine Klößchen

gnocchetti con gamberi
e zucchine . . . . Klößchen mit Krabben
und Zucchini

gnocchetti sardi . . . . *Nudelform;* schmale Öhrchen

gnocchi . . . . (Kartoffel-) Klößchen;
*Gnocchi sind keine Nudeln im
eigentlichen Sinn, fallen aber
unter den italienischen Begriff
»Pasta«. Sie bestehen aus
Kartoffelteig und Mehl.*

gnocchi alla parigina
(gnocchi di farina gratinati) . . . Pariser Klößchen
(überbackene Mehlklößchen)

gnocchi alla romana
(gnocchi di semolino al forno) . römische Klößchen (im Ofen
überbackene Grießklößchen)

gnocchi alle vongole . . . . Klößchen mit Muscheln

gnocchi di farina . . . . Mehlklößchen

gnocchi di farina gratinati
con formaggio . . . . Mehlklößchen mit Käse
überbacken

gnocchi di grano saraceno
con ragù di daino . . . . Buchweizenklößchen
mit Hirschragout

gnocchi di ortiche . . . . Brennesselklößchen

gnocchi di pane . . . . Semmelknödel

gnocchi di patate . . . . Kartoffelklößchen

gnocchi di patate farciti . . . . gefüllte Kartoffelklößchen

gnocchi di ricotta . . . . Ricotta-Klößchen

gnocchi di semolino . . . . Grießklößchen

gnocchi di zucca . . . . Kürbisklößchen

gobbetti . . . . *Nudelform;* kleine, stark
gedrehte Nudeln

gramigna . . . . *Nudelform;* sehr kurze,
dünne Hohlnudeln

gratin di pasta ai frutti di mare . . Nudelgratin mit
Meeresfrüchten

grattini . . . . *Nudelform;* kleine Klumpen
aus Nudelteig

grattoni . . . . *Nudelform;* etwas größer

L

lancette . . . . *Nudelform;* kleine schmale
Schmetterlingsnudeln

lasagna . . . . *Nudelform;* Nudelteigplatten

lasagne ai carciofi . . . . Lasagne mit Artischocken

lasagne al forno . . . . überbackene Lasagne

lasagne al sugo d'anguilla . . . . . . Lasagne mit Aalsoße

lasagne al pesce . . . . Fisch-Lasagne

lasagne alla bolognese . . . . Lasagne mit
Bolognese-Soße

lasagne alla marinara . . . . Lasagne mit Meeresfrüchten

lasagna doppia riccia . . . . *Nudelform;* sehr lang
und breit, für Lasagne

lasagne rustiche . . . . rustikale Lasagne

lasagne vegetariane . . . . vegetarische Lasagne

lasagne verdi . . . . grüne Lasagne

lasagnette . . . . *Nudelform;* Bandnudeln

lasagnette caserecce . . . . *Nudelform;* Bandnudeln,
apfelstrudelförmig aufgerollt

linguine . . . . *Nudelform;* sehr schmale
Bandnudeln (flache Spaghetti)

linguine all'astice . . . . Bandnudeln mit Hummer

linguine con la verza . . . . Bandnudeln mit Kohl

lumache . . . . *Nudelform;* Schneckennudeln

lumachine . . . . *Nudelform;* (wörtlich:
Schneckchen) Suppennudeln

lumaconi . . . . *Nudelform;* riesige
Schneckennudeln

M

maccheroni . . . . *Nudelform;* lange
Hohlnudeln

maccheroni gratinati . . . . gratinierte Makkaroni

maccheroni in crosta di pane . . . Makkaroni in Teigkruste

maccheroncini . . . . *Nudelform;* lange
Hohlnudeln

mafaldine . . . . *Nudelform;* gewellte
Bandnudeln

maltagliati . . . . *Nudelform;* grob dreieckig
geschnitten; wörtlich:
schlecht geschnittene Nudeln

manfredine . . . . *Nudelform;* gewellte
Bandnudeln

mezzelune . . . . *Nudelform;* halbmondförmig

mezzelune farcite di melanzane
con salsa di pesce . . . . Halbmondnudeln mit
Auberginenfüllung in
Fischsoße

mezze maniche rigate . . . . *Nudelform;* wie Rigatoni,
nur kürzer

mezze penne rigate . . . . *Nudelform;* wie Penne,
nur kürzer

mezzi paccheri. . . . . *Nudelform;* kurze
große Hohlnudeln

mezzi rigatoni . . . . *Nudelform;* kurze, dicke,
geriffelte Röhren

midolline . . . . *Nudelform;* kleine
kornförmige Nudeln

O - P

ondine . . . . *Nudelform;* Lasagneplatten,
gewellt

orecchiette. . . . . *Nudelform;* (wörtl: Öhrchen)
frische Nudeln aus Apulien

paccheri . . . . *Nudelform;* große Hohlnudeln

paglia e fieno . . . . *Nudelform;* wörtlich:
Stroh und Heu; gelbe und
grüne Bandnudeln

paglia e fieno caserecce . . . . gelbe und grüne Bandnudeln,
apfelstrudelförmig aufgerollt

pappardelle . . . . breite Bandnudeln

pappardelle al cinghiale. . . . . . . Bandnudeln mit Wildschwein

pappardelle alla lepre. . . . . Bandnudeln mit Hasenragout

pasta. . . . . Nudeln. Die meisten
Pasta-Sorten werden
heute aus Hartweizengrieß
hergestellt.

pasta 5 cereali . . . . Nudeln aus Gerste, Hafer,
Roggen, Weizen und
Buchweizen

pasta al burro. . . . . Pasta Asciutta (gekochte
und abgetropfte Nudeln)
mit etwas Butter

pasta al forno . . . . Nudeln werden kurz
vorgekocht und nach dem
Abtropfen mit weiteren
Zutaten in einer Auflaufform
im Ofen („al forno")
gebacken.

pasta al sugo . . . . Pasta Asciutta (gekochte
und abgetropfte Nudeln)
mit Soße

pasta all'uovo. . . . . Eiernudeln, bestehend
aus Hartweizengrieß
und Eiern

pasta asciutta	Teigwaren werden in Wasser gekocht und nach dem Abtropfen (ital. asciutto – „getrocknet") mit etwas Butter (al burro) oder mit einer Soße (al sugo) serviert.
pasta biologica	Bio-Nudeln
pasta con soia	Nudeln aus Hartweizengrieß mit Sojamehl
pasta del giorno	Tagesnudelgericht
pasta di castagne con spinaci e speck	Kastaniennudeln mit Spinat und Speck
pasta di grano duro	Hartweizennudeln
pasta di semola	Grießnudeln
pasta farro e lenticchie	Nudeln aus Dinkel und Linsen
pasta fredda alle verdure	kaltes Nudelgericht mit Gemüse
pasta fresca	frische Nudeln
pasta fresca fatta in casa	hausgemachte frische Nudeln
pasta gratinata	überbackene Nudeln
pasta in brodo	Teigwaren werden in Suppe (ital. in brodo „in Brühe") gekocht und serviert. Diese Zubereitungsart ist etwa bei Tortellini beliebt.
pasta integrale	generell für Vollkornnudeln
pasta orzo e grano saraceno	Nudeln aus Gerste und Buchweizen
pasta ripiena	Nudeln mit Füllung
pasticcio	Nudeltimbale
pasticcio al radicchio	Radicchio-Timbale
pasticcio di maccheroni	Makkaroni-Timbale
pasticcio di tortellini	Tortellini-Timbale
pasticcio in crosta con salsa di pesce	Nudeltimbale in Kruste mit Fischsoße
penne	*Nudelform;* schräg abgeschnittene Röhren
penne doppia rigatura	*Nudelform;* innen und außen geriffelte Penne
penne lisce	*Nudelform;* glatte Penne
penne mezzi ziti corte	*Nudelform;* dünne, kurze, glatte Penne
penne rigate	*Nudelform;* geriffelte Penne
pennette	*Nudelform;* kleine Penne mit kurzer Garzeit
pennette allo storione	Nudeln mit Stör

23

pennoni lisci . . . . *Nudelform;* dicke, schräg abgeschnittene Röhren

pici . . . . *Nudelform;* handgemachte Spaghetti aus der Toskana

pipe . . . . *Nudelform;* (wörtlich: Pfeifen) größere Maccheroni-Variante

pipe rigate . . . . *Nudelform;* stark gebogene, geriffelte Röhren

pipette rigate . . . . *Nudelform;* stark gebogene, kleine geriffelte Röhren

pizzoccheri . . . . Buchweizennudeln

polenta . . . . Polenta (Maismehlbrei)

polenta gratinata
  con sugo di carne . . . . gratinierte Polenta mit Fleischsoße

puntine . . . . *Nudelform;* (wörtlich: Pünktchen) sehr kleine Suppennudeln

Q - R

quadrefiore . . . . *Nudelform;* Quadrate mit geriffelten Kanten

quadretti . . . . *Nudelform;* viereckige Suppennudeln

radiatori . . . . *Nudelform;* gedrehte Nudeln

ravioli . . . . Ravioli (gefüllte Nudeltaschen)

ravioli con uova di quaglia . . . . . . Ravioli mit Wachteleiern

ravioli di branzino
  con salsa di crostacei . . . . Seebarsch-Ravioli mit Krustentiersoße

ravioli di carne . . . . Fleisch-Ravioli

ravioli di erbe . . . . Kräuter-Ravioli

ravioli di fiori di zucchine
  con salsa delicata . . . . Zucchiniblüten-Ravioli mit delikater Soße

ravioli di melanzane
  con salsa di pomodoro fresco . . Auberginen-Ravioli mit Soße aus frischen Tomaten

ravioli di ricotta e spinaci
  con salsa di carne . . . . Ricotta-Spinat Ravioli mit Fleischsoße

ravioli di spigola . . . . Ravioli mit Seebarsch

ravioli di zucca . . . . Kürbisravioli

ravioli in salsa di ortiche . . . . Ravioli mit Brennesselsoße

ravioli vegetali alla cannella . . . . Gemüseravioli mit Zimt

ravioli verdi . . . . grüne Ravioli

raviolini ripieni di piccione . . . . . kleine Ravioli mit Taubenfüllung

ravioloni . . . . große Ravioli

reginette .... *Nudelform;* Bandnudeln, am Rand gewellt

riccioli .... *Nudelform;* (wörtlich: Locken) gedrehte Nudeln

ricciolini .... *Nudelform;* (wörtlich: Löckchen) kurze breite Nudeln mit einem 90-Grad-Dreh

ricciutelle................ *Nudelform;* wie Reginette, nur sehr kurz geschnitten

ricciutelli .... *Nudelform;* kleine gedrehte Suppennudeln

rigatoni .... *Nudelform;* dicke geriffelte Röhren

rigatoni asparagi e pecorino .... Nudeln mit Spargel und Schafskäse

risi .... *Nudelform;* kleine reiskornförmige Nudeln

riso...................... Reis

riso al curry .... Curryreis

riso alla creola (bollito e asciugato in forno con burro).. Kreolenreis (gekochter Reis, im Ofen mit Butter getrocknet)

riso gamberi pinoli e curry ..... Reis mit Krabben, Pinienkernen und Curry

riso pilaf (cotto in forno con brodo e condito con burro) Pilawreis (im Ofen in Brühe gegart, mit Butter)

riso al pollo .... Reis mit Hühnchen

risoni .... *Nudelform;* reiskornförmig

risotto .... Risotto

risotto ai funghi............. Risotto mit Pilzen

risotto al nero di seppia........ Tintenfisch-Risotto in schwarzer Tinte

risotto alla cinese............ Chinesisches Risotto

risotto alla menta............ Pfefferminz-Risotto

risotto alla milanese (con midollo di bue e zafferano) .... Mailänder Risotto (mit Rindermark und Safran)

risotto con frutti di mare....... Risotto mit Meeresfrüchten

rotelle.................... *Nudelform;* Räder

rotelle di pasta alle zucchine.... Nudelrädchen mit Zucchini

rotini .... *Nudelform;* spiralenförmig

rotolini di pasta .... Nudelröllchen

ruote .... *Nudelform;* Räder

S

sacchetti di pasta farciti con salmone.......... Nudelbeutel mit Lachsfüllung

saccottini................. *Nudelform;* gefüllte Taschen

sartù......................	Reistimbale
sedani....................	*Nudelform;* leicht gebogene, dicke Röhren
sedanini..................	*Nudelform;* leicht gebogene, dünne Röhren
sformato di pasta alle verdure in salsa di crostacei..........	Nudelauflauf mit Gemüse in Krustentiersoße
sformato di riso al sugo d'oca ...	Reisauflauf mit Gänsebratensoße
sorprese..................	*Nudelform;* gedrehte Suppennudeln
spaccatelle................	*Nudelform;* kurze gebogene Nudeln
spätzle (gnocchetti di farina)	Spätzle
spaghetti	*Nudelform;* lange bis extralange Nudeln
spaghetti al ragú............	Im deutschen Sprachraum sind Spaghetti al Ragù sehr beliebt, die hier abweichend von der italienischen Bezeichnung als „Spaghetti Bolognese" bezeichnet und meist als Hauptgericht verzehrt werden. In Italien ist diese Bezeichnungen unüblich; ein „Ragù Bolognese" ist zwar in der Küche Bolognas bekannt, es unterscheidet sich aber in der Zubereitung von der in Deutschland üblichen Hackfleischsoße und wird klassisch auf Tagliatelle gegessen.
spaghetti al nero di seppia......	Spaghetti in Tintenfisch-Soße
spaghetti al pomodoro fresco ...	Spaghetti mit frischen Tomaten
spaghetti alici e fiori di zucca ...	Spaghetti mit Sardellen und Kürbisblüten
spaghetti alla chitarra	*Nudelform;* viereckige Spaghetti
spaghetti all'amatriciana.......	Spaghetti mit Tomatensoße und Speck
spaghetti alle vongole veraci in bianco.............	Spaghetti mit Muscheln in Weißweinsoße
spaghetti bolognese...........	Im deutschen Sprachraum werden Spaghetti mit hackfleischsoße als „Spaghetti Bolognese" bezeichnet. In Italien ist diese Bezeich-

nung unüblich; ein „Ragù Bolognese" ist zwar in der Küche Bolognas bekannt, es unterscheidet sich aber in der Zubereitung von der in Deutschland üblichen Hackfleischsoße und wird auf Bandnudeln gegessen.

spaghetti cacio e pepe . . . . Spaghetti mit Käse und Pfeffer

spaghetti carbonara . . . . Spaghetti mit Speck und rohem Ei

spaghetti freddi con verdure . . . . kalte Spaghetti mit Gemüse

spaghetti mandorle,
pinoli e uvetta . . . . Spaghetti mit Mandeln, Pinienkernen und Rosinen

spaghetti rigati . . . . *Nudelform;* geriffelte Spaghetti

spaghettini . . . . *Nudelform;* sehr dünne Spaghetti

spaghettoni . . . . *Nudelform;* dicke Spaghetti

spighe . . . . *Nudelform;* in Form einer Getreideähre

spiralini . . . . *Nudelform;* spiralenförmig

stelle . . . . *Nudelform;* Sterne

stelline . . . . *Nudelform;* Sternchen

strangozzi . . . . *Nudelform;* handgemachte Spaghetti aus Umbrien

stringoli . . . . *Nudelform;* kurze Nudelröllchen

strozzapreti . . . . *Nudelform;* (wörtlich: „Priesterwürger") kurze geschwungene Nudeln

supplì (crocchette di riso
farcite con mozzarella) . . . . Reiskroketten mit Mozzarella gefüllt

T

tagliatelle . . . . Bandnudeln

tagliatelle al sugo di pesce . . . . . . Bandnudeln mit Fischsoße

tagliatelle ai funghi porcini . . . . . Bandnudeln mit Steinpilzen

tagliatelle con polpa
di ricci di mare . . . . Bandnudeln mit Seeigelfleisch

tagliatelle di grano saraceno . . . . Buchweizen-Bandnudeln

tagliatelle di segale con funghi . . Bandnudeln aus Roggenmehl mit Pilzen

tagliatelle fatte in casa . . . . hausgemachte Bandnudeln

tagliatelle fresche . . . . frische Bandnudeln

tagliatelle in salsa di pesce
e pomodoro . . . . Bandnudeln mit Fisch- und Tomatensoße

tagliatelle verdi . . . . grüne Bandnudeln
tagliatelle integrali
  con carciofi . . . . Vollwert-Bandnudeln
      mit Artischocken
taglierini . . . . Nudelform; dünne
      Bandnudeln
tagliolini . . . . *Nudelform;* sehr dünne
      Bandnudeln
tagliolini al baccalà . . . . Bandnudeln mit Stockfisch
tagliolini alla bottarga . . . . Bandnudeln mit
      getrocknetem Fischrogen
tagliolini con fagiolini e gamberi dünne Bandnudeln mit
      grünen Bohnen und Garnelen
tempesta . . . . *Nudelform;* Suppennudeln
tempestine . . . . *Nudelform;* sehr kleine
      runde Suppennudeln
timballo di maccheroni . . . . Makkaroni-Timbale
timballo di riso . . . . Reis-Timbale
tofe . . . . *Nudelform;* riesige
      Schneckennudeln
tofettine . . . . *Nudelform;* kleinere
      Schnecken
torchietti . . . . *Nudelform;* gedrehte Nudeln
tortelli . . . . Ravioli
tortelli di castagne . . . . Kastanien-Ravioli
tortelli di ortica al burro . . . . Brennessel-Ravioli mit Butter
tortelli di zucca . . . . Kürbis-Ravioli
tortellini . . . . Tortellini (kleine, gefüllte
      Teigtaschen)
tortellini alla bolognese . . . . Tortellini nach Bologneser Art
tortellini caserecci
  al sugo di carne . . . . hausgemachte Tortellini
      mit Fleischsoße
tortellini vegetariani . . . . vegetarische Tortellini
tortelloni . . . . *Nudelform;* große
      gefüllte Teigtaschen
tortiglioni . . . . *Nudelform;* gerippte
      und gedrehte Hohlnudeln
tortino di pasta . . . . Nudeltörtchen
tortino di risotto . . . . Risottotörtchen
treccine . . . . *Nudelform;* kleine gebogene
      Suppennudeln
trenette . . . . *Nudelform;* schmale
      Bandnudeln mit Wellenrand
tripolini . . . . *Nudelform;* lange, breite,
      gewellte Nudeln
trofi . . . . *Nudelform;* dünne
      verdrehte Nudeln

trofiette . . . . *Nudelform;* sehr dünne
verdrehte Nudeln

V

vermicelli. . . . . *Nudelform;* (wörtlich:
Würmchen) sehr dünne
Spaghetti, Fadennudeln

vermicelli al caviale. . . . . Fadennudeln mit Kaviar

vermicellini . . . . *Nudelform;* sehr, sehr
dünne Spaghetti

Z

ziti . . . . *Nudelform;* lange
schmale Röhren

zitoni . . . . *Nudelform;* große
schmale Röhren

Minestre = Suppen

A

anolini in brodo	Ravioli in Brühe
anolini di cappone	Kapaunbrühe
anolini di carne	Fleischbrühe
anolini di pesce	Fischbrühe
anolini di pollo	Hühnerbrühe
anolini di verdure	Gemüsebrühe
anolini di verdure profumate	aromatische Gemüsebrühe
anolini ristretto	Consommé, Kraftbrühe
anolini vegetale	Gemüsebrühe

C

canederli in brodo	Semmelknödel in Brühe
cappelletti in brodo	Tortellini in Brühe
consommé	Kraftbrühe
consommé celestina (con striscioline di frittata)	Kraftbrühe mit Omelettstreifen
consommé con capelli d'angelo	Kraftbrühe mit Fadennudeln
consommé con pastina	Kraftbrühe mit Suppennudeln
consommé di manzo con riso	Rinderkraftbrühe mit Reis
consommé di pesce	Fischkraftbrühe
consommé di pollo	Hühnerkraftbrühe
consommé di selvaggina	Wildbretkraftbrühe
consommé freddo allo sherry	kalte Kraftbrühe mit Sherry
consommé julienne (con verdure a striscioline)	Kraftbrühe Julienne (mit feingeschnittenem Gemüse)
crema	Cremesuppe
crema di asparagi con crostini	Spargelcremesuppe mit Croûtons
crema di avena	Hafercremesuppe
crema di carote	Karottencremesuppe
crema di funghi	Pilzcremesuppe
crema di gamberi	Garnelencremesuppe
crema di lattuga	Lattichcremesuppe
crema di ortiche	Brennesselcremesuppe
crema di orzo	Gerstencremesuppe
crema di patate	Kartoffelcremesuppe
crema di piselli	Erbsencremesuppe

crema di pollo . . . . Hühnercremesuppe
crema di pomodori . . . . Tomatencremesuppe
crema di porri . . . . Lauchcremesuppe
crema di riso . . . . Reiscremesuppe
crema di spinaci . . . . Spinatcremesuppe
crema fredda al formaggio . . . . . kalte Käsecremesuppe
crostini al fegato
  in brodo di selvaggina. . . . . . . Croûtons mit Leberpastete
                              in Wildbretbrühe

F - G

fagottini di verdure
  in brodo di piccione . . . . Gemüseteigtaschen
                                in Taubenbrühe
gnocchetti di erbe in brodo . . . . . Kräuterklößchen in Brühe

M

minestra. . . . . Suppe
minestra alla birra . . . . Biersuppe
minestra chiara . . . . klare Suppe
minestra di coda di bue . . . . Ochsenschwanzsuppe
minestra di fagioli con pancetta . rote Bohnensuppe
                                mit Bauchspeck
minestra di farro e fagioli . . . . . . Dinkel- und rote Bohnensuppe
minestra di granchio . . . . Krebssuppe
minestra di orzo . . . . Graupensuppe
minestra di pane . . . . Brotsuppe
minestra di pane e fagioli . . . . . . rote Bohnensuppe mit Brot
minestra di pomodori . . . . Tomatensuppe
minestra di riso . . . . Reissuppe
minestra di semolino . . . . Grießsuppe
minestra di verdure
  (= minestrone) . . . . Gemüsesuppe
minestra fredda . . . . kalte Suppe
minestrone
  (= minestra di verdure). . . . . . . Gemüsesuppe
minestrone alla milanese
  (con riso). . . . . Mailänder Gemüsesuppe
                                (mit Reis)
minestrone con salsa al pesto . . . Gemüsesuppe mit Pesto-Soße

P

passatelli (cilindretti di uova,
  pangrattato e formaggio
  in brodo di carne) . . . . Spätzle aus Eiern, Semmel-
                                bröseln und Parmesan in
                                Brühe
passato . . . . passierte Suppe
passato di carote . . . . passierte Karottensuppe

31

passato di fagioli . . . . passierte rote Bohnensuppe
passato di verdure . . . . passierte Gemüsesuppe
pasta e fagioli. . . . . Nudel-Bohnen-Eintopf
pasta in brodo . . . . Nudelsuppe
pastina in brodo. . . . . Suppe mit feinen Nudeln
pot-au-feu (brodo con pezzi
  di carne e verdure) . . . . Pot-au-feu (Bouillon mit
                                        Fleisch- und
                                        Gemüsestückchen)

R - S

ravioli in brodo . . . . Ravioli in Brühe
riso in brodo . . . . Bouillon mit Reiseinlage
stracciatella . . . . Fleischbrühe mit Eierstich

T - V

tagliolini in brodo . . . . dünne Bandnudeln in Brühe
tagliolini di pesce
  in brodo di crostacei. . . . . Fisch-Tortellini
                                        in Krustentierbrühe
tortellini in brodo . . . . Tortellini in Brühe
vellutata. . . . . Cremesuppe
vermicelli in brodo . . . . dünne Spaghetti in Brühe

Z

zuppa . . . . Suppe
zuppa di cavoli. . . . . Kohlsuppe
zuppa di ceci con crostini . . . . . . Kichererbsensuppe
                                        mit Croûtons
zuppa di cipolle gratinata . . . . . . überbackene Zwiebelsuppe
zuppa di fagioli
  con cotenne di maiale. . . . . Suppe aus roten Bohnen
                                        mit Schweineschwarte
zuppa di funghi e lumache . . . . . Pilzsuppe mit Schnecken
zuppa di lattuga e frutti di mare . Lattichsuppe mit
                                        Meeresfrüchten
zuppa di ostriche. . . . . Austernsuppe
zuppa di pane. . . . . Brotsuppe
zuppa di pesce . . . . Fischsuppe
zuppa di rane . . . . Froschschenkelsuppe
zuppa di tartaruga . . . . Schildkrötensuppe
zuppa di verdure . . . . Gemüsesuppe
zuppa pavese (minestra
  di pane fritto, uovo crudo
  e parmigiano) . . . . Pavia-Suppe (Brühe mit
                                        gebackenen Brotscheiben,
                                        rohem Ei und Parmesan)

Pesce = Fisch

A

acciughe . . . . Sardellen
acciughe sottolio . . . . Ölsardinen
acqua pazza . . . . Fischsud (mit Meerwasser)
agone . . . . Maifisch
aguglie . . . . Hornhechte
alaccia . . . . große Sardine
alborelle . . . . Ukeleien
alici (= acciughe) . . . . Sardellen
alosa . . . . Alse, Maifisch
anelli di calamari fritti . . . . frittierte Tintenfischringe
anguilla . . . . Aal
aragosta . . . . Languste
aragosta thermidor
  (gratinata nel carapace) . . . . . . Languste Thermidor
                                       (in der Schale gratiniert)
aringa . . . . Hering
asià (= spinarolo) . . . . Dornhai
astice . . . . Hummer
astice alla Newburg
  (in salsa di panna) . . . . Hummer Newburg
                                       (in Sahnesauce)
astice all'americana
  (in salsa di pomodoro) . . . . Hummer nach ameri-
                                       kanischer Art
                                       (in Tomatensauce)

B

baccalà . . . . Stockfisch (in Salz
                                       konservierter Dorsch)
baccalà al forno
  con cipolle e patate . . . . Stockfisch mit Zwiebeln und
                                       Kartoffeln im Ofen gebacken
baccalà in umido . . . . in Salz konservierter Dorsch
                                       in Soße
baccalà mantecato . . . . Stockfischpüree
barbo (= barbio) . . . . Barbe
barracuda (= luccio di mare) . . . . Barrakuda
bastoncini di pesce . . . . Fischstäbchen
bianchetti . . . . Jungfische
bistecca di pesce spada . . . . Schwertfisch-Steak
bocconcini di salmone . . . . Lachshäppchen
boga . . . . Boga, Blöker
bollito misto di pesce . . . . gemischter Kochfisch
bonita / bonito . . . . Bonito

bottatrice . . . . Quappe, Allraupe
branzino. . . . . Seebarsch

C

calamari . . . . Tintenfische, Calamari
calamari fritti. . . . . frittierte Tintenfische
calcinelli . . . . Dreiecksmuscheln
canestrelli . . . . Kammuscheln
cannelli, cannolicchi . . . . Stabmuscheln,
                                         Messerscheiden
canocchie. . . . . Heuschreckenkrebse
capitone
  (grossa anguilla femmina) . . . . großer weiblicher Aal
capone (= cappone) . . . . Knurrhahn
carassio . . . . Karausche
carlino (= sarago). . . . . Brasse
carne secca di tonno . . . . getrockneter Thunfisch
carpa . . . . Karpfen
carpaccio di branzino . . . . Carpaccio (hauchdünne rohe
                                         marinierte Scheiben) vom
                                         Seebarsch
carpaccio di pesce spada
  affumicato. . . . . Carpaccio (hauchdünne
                                         marinierte Scheiben) von
                                         geräuchertem Schwertfisch
cartoccio di aragosta . . . . in Folie gebackene Languste
cartoccio di trota alle erbe. . . . . Forelle mit Kräutern,
                                         in Folie gebacken
cavedano . . . . Döbel
cefalo . . . . Meeräsche
cepola. . . . . Bandfisch
cernia. . . . . Barsch
cheppia . . . . Alse
cicala grande (= Magnosa). . . . . . Bärenkrebs
coda di rospo (= rana pescatrice). Seeteufel
code di gamberi. . . . . Garnelenschwänze
conchiglie di San Giacomo . . . . . Jakobsmuscheln
coregone . . . . Lavarello
corifena . . . . Lampuga
corvina. Meerrabe
cosce di rane . . . . Froschschenkel
costardelle (= costardelli) . . . . . . Makrelenhechte
cotolette impanate di palombo . . panierte Glatthaikoteletts
cozze . . . . Miesmuscheln
crostacei. . . . . Krustentiere
cuori di mare . . . . Herzmuscheln

D - E

dadolata di coda di rospo . . . . Seeteufel-Würfel
datteri di mare . . . . Meerdatteln
dentice . . . . Zahnbrasse
dragoni (= tracine) . . . . Petermännchen
eglefino . . . . Schellfisch
eglefino affumicato . . . . geräucherter Schellfisch

F

fasolari . . . . braune Venusmuscheln
favollo . . . . Strandkrabbe
fico (= musdèa) . . . . Mittelmeertrüche
filetti di anguilla affumicata . . . . Räucheraal-Filets
filetti di sogliola . . . . Seezungenfilets
filetti di sogliola fritti . . . . gebackene Seezungenfilets
filetti di trota . . . . Forellenfilets
fòladi . . . . Bohrmuscheln
fritto misto di pesce . . . . gemischte Fischfrittüre
frutti di mare . . . . Meeresfrüchte

G

gallinella (= capone) . . . . Knurrhahn
gamberetti . . . . Krabben (Shrimps)
gamberi . . . . Garnelen
gamberi di fiume . . . . Flußgarnelen
gamberoni . . . . Riesengarnelen
garusoli (= murici) . . . . Purpurschnecken
gattuccio . . . . Katzenhai
ghiozzi . . . . Meergrundeln
gianchetti (= bianchetti) . . . . Jungfisch
girella di sogliola farcita . . . . . . gefüllte Seezungen-Spirale
gô (= goatim, ghiozzi) . . . . Meergrundeln
gobioni (= gobbi) . . . . Gründlinge
grancevola (= granseola) . . . . Meerspinne
grancevola tiepida . . . . warme Meerspinne
granchi . . . . Krebse
granciporro . . . . Taschenkrebs
grigliata mista di pesce . . . . gemischte Fisch-Grillplatte
grongo . . . . Meeraal
guazzetto di rane
  alle erbe aromatiche . . . . Froschschenkel in Tomaten-
                                     soße mit Gewürzkräutern

I

intingolo di lumachine di mare . . Tunke aus Meeresschnecken
involtini di pesce spada . . . . Schwertfisch-Rouladen
ippoglosso (halibut) . . . . Heilbutt

L

lampreda .... Neunauge
lampuga.................... Goldmakrele
latterini .... Ährenfische
latticini di mare
 (= uova di seppia) .... Tintenfischeier
lavarello .... Felchen
leccia .... Gabelmakrele
limanda .... Kliesche
linguattole .... einflossige Schollen
lota (= bottatrice)............ Quappe, Allraupe
luccio...................... Hecht
luccio di mare .... Pfeilhecht, Barrakuda
lucioperca .... Zander
lumache.................... Schnecken
lumache di mare .... Meeresschnecken
lupacante (= astice) .... Hummer

M

magnosa.................... Bärenkrebs
mazzancolla................. Furchenkrebs
masanete (= mazanete) (femmine
 di granchio con uova)........ weibliche Krebse mit Eiern
medaglioni di aragosta .... Langusten-Medaillons
medaglioni di coda di rospo .... Medaillons vom Seeteufel
melù...................... Mittelmeerdorsch
merlano .... Merlan
merluzzo .... Kabeljau
mezzelune di sogliola alla crema Seezungen-Halbmonde
 mit Rahmsauce
millefoglie al salmone .... Lachs-Blätterteigschnitte
moleche (granchi molli in muta) Butterkrebse (weiche Krebse
 nach der Häutung)
molluschi................... Muscheln, Weichtiere
molo (= merlano)............ Merlan
molva...................... Lengfisch
mormora (= marmora) .... Marmorbrasse
moscardini.................. Moschuspolypen
moscardini bolliti
 con olio e limone .... gekochte Moschuspolypen
 mit Öl und Zitrone
mostella (= musdea) .... Mittelmeertrüche
motella..................... Meerquappe
muggine (= cefalo)............ Meeräsche
murena .... Muräne
murici .... Purpurschnecken
musdea .... Mittelmeertrüche

N - O

nasello	Hechtdorsch
novellame (= bianchetti)	Jungfisch
occhiata	Seebrasse (auch: Augenblinker)
ombrina	Schattenfisch, Umber
ombrina boccadoro (gialla)	Adlerfisch
orata	Goldbrasse
ostriche	Austern

P

paganelli (= ghiozzi)	Meergrundeln
pagello	Rotbrasse
pagro	Meerbrasse
palàmida (= tonnetto)	Bonito
palamita (= tonnetto)	Bonito
palombo	Glatthai
papaline	Sprotten
passera (= pianuzza)	Flunder, Scholle
pastenula (= musdèa)	Mittelmeertrüche
patelle	Napfschnecken
persico reale (= pesce persico)	Barsch
persico sole	Sonnenbarsch
persico trota	Forellenbarsch
pesce	Fisch
pesce angelo (= squadro)	Engelsfisch
pesce azzurro	Makrele
pesce balestra (porco)	Hornfisch
pesce bianco	Weißfisch
pesce castagna	Brachsenmakrele
pesce chitarra	Glattrochen
pesce crudo	roher Fisch
pesce d'acqua dolce	Süßwasserfisch
pesce di allevamento	Zuchtfisch
pesce di fiume	Flußfisch
pesce di lago	Seefisch
pesce di mare	Meeresfisch
pesce in acqua pazza	Fisch im Sud (Meerwasser)
pesce lucerna	Meerpfaff
pesce marinato	marinierter Fisch
pesce persico	Barsch
pesce pilota	Lotsenfisch, Pilotfisch
pesce prete (= pesce lucerna)	Meerpfaff
pesce ragno (= tracine)	Petermännchen
pesce sciabola	Degenfisch
pesce spada	Schwertfisch

pesce spada affumicato . . . . geräucherter Schwertfisch
pesce spatola (= pesce sciabola) . Degenfisch
pesce volpe. . . . . Seefuchs
pescecane. . . . . Hai
pinne di squalo . . . . Haifischflossen
platessa . . . . Flunder
polipetti tiepidi all'olio e limone . lauwarme kleine Oktopus
                     mit Öl und Zitrone
pollak . . . . Pollack
polpa di granchio. . . . . Krebsfleisch
polpessa . . . . Krake
polpette di pesce . . . . Fischfrikadellen
polpo (polipo) . . . . Oktopus

R

rana pescatrice. . . . . Seeteufel
rana . . . . Frosch
razza. . . . . Rochen
ricci di mare. . . . . Seeigel
ricciola. Adlerfisch
rombo chiodato . . . . Steinbutt
rombo liscio. . . . . Glattbutt
rossetti. Rotbrassen
rotolini di merluzzo. . . . . Kabeljauröllchen
rotolo di salmone
   alle erbe aromatiche . . . . Lachsrolle mit
                     Gewürzkräutern

S

salmerino. . . . . Saibling
salmone . . . . Lachs, Salm
salmone affumicato. . . . . geräucherter Lachs
salmone avvolto
   in foglie di spinaci . . . . Lachs in Blattspinat-Mantel
salmone marinato . . . . marinierter Lachs
salmone selvaggio . . . . Wildwasserlachs
salpa (= boga). . . . . Boga, Blöker
salsicce di pesce. . . . . Fischwürstchen
san pietro . . . . Petersfisch
sandra (= lucioperca). . . . . Zander
sarago (= sargo) . . . . Brasse
sarde . . . . Sardine
sardelline (= papaline) . . . . Sprotten
sardine. Sardinen
scaloppa di branzino . . . . Seebarschscheibe
scampi . . . . Scampi, Kaiserhummer
scampi crudi marinati in aceto . . rohe Scampi, in Essig
                     mariniert

scardola	Rotfeder
scorfano nero	schwarzer Drachenkopf, schwarzer Drachenfisch
scorfano rosso	roter Drachenkopf, roter Drachenfisch
seppia	Tintenfisch
sgombro	Makrele
siluro	Wels, Waller
smeriglio	Heringshai
sogliola	Seezunge
sparaglione (= sparetto, sarago)	Brasse
spiedini di pesce	Fischspieße
spiedini di scampi	Scampi-Spieße
spigola (= branzino)	Seebarsch
spinarolo	Dornhai
spratti	Sprotten
squadro	Engelsfisch
squalo	Hai
stoccafisso	Stockfisch
storione	Stör
storione affumicato	geräucherter Stör
storione selvaggio	Wildwasserstör
sugherello	Zapfenfisch

T

telline	kleine Muscheln
testoni (= ghiozzi)	Meergrundeln
tinca	Schleie
tonnetto (= bonito)	Bonito
tonno	Thunfisch
tonno affumicato	geräucherter Thunfisch
tonno sottolio	in Öl eingelegter Thunfisch
totani	Tintenfische, Pfeilkalmare
totani ripieni	gefüllte Tintenfische
tracine	Petermännchen
tranci di anguilla	Aalscheiben
trancio di orata	Goldbrassenscheibe
trancio di salmone lardellato	gespickte Lachsscheibe
triglia	Seebarbe
triglia di scoglio	Streifenbarbe, Küstenseebarbe
tronchetto di salmone con verdure	Lachsstamm mit Gemüse
trota	Forelle
trota arcobaleno	Regenbogenforelle
trota di fiume	Flußforelle
trota di lago	Seeforelle

trota di vivaio. . . . . Zuchtforelle
trota salmonata . . . . Lachsforelle

U - V

uova di mare . . . . Seescheiden, Aszidien
uova di seppia . . . . Tintenfischeier
volante. fliegender Fisch
vongole . . . . Venusmuscheln
vongole veraci . . . . Teppichmuscheln

Z

zuppa di pesce . . . . Fischsuppe
zuppa di pesce aromatica . . . . . . Fischsuppe mit Kraütern
zuppetta di gamberi di fiume . . . Flußgarnelensuppe

Carne = Fleisch

A

abbacchio alla romana . . . . römischer Lammbraten
affettato misto . . . . gemischter Aufschnitt
agnello . . . . Lamm
agnello ai carciofi . . . . Lamm mit Artischocken
agnello ai capperi . . . . Lamm mit Kapern
agnello al miele . . . . Lamm mit Honig
agnello alle erbe selvatiche . . . . . Lamm mit Wildkräutern
agnello allo zenzero . . . . Ingwerlamm
agnello da latte . . . . Milchlamm
agnello in agrodolce . . . . Lamm süßsauer
agnello in crosta di spinaci . . . . . Lamm in Spinatkruste
alette di pollo . . . . Hähnchenflügel
alette di pollo ripiene . . . . gefüllte Hähnchenflügel
ali . . . . Flügel
allodole . . . . Lerchen
alzàvola . . . . Krickente
anatra . . . . Ente
anatra al torchio . . . . gepreßtes Entenfleisch
anatra all'arancia . . . . Ente mit Orangensoße
anatra caramellata . . . . mit Zucker glasierte Ente
anatra laccata al miele . . . . mit Honig glasierte Ente
anatra muta . . . . Moschusente
anatra novella . . . . Jungente
anatra selvatica . . . . Wildente
anca di pollo . . . . Hähnchenkeule
animelle d'agnello . . . . Lammbries
animelle di vitello . . . . Kalbsbries
arista (carré di maiale arrosto) . . Schweinskarree
arrosto . . . . Braten
arrosto di agnello . . . . Lammbraten
arrosto di maiale . . . . Schweinebraten
arrosto di maiale ripieno . . . . gefüllter Schweinebraten
arrosto di manzo
  arrotolato e farcito . . . . gefüllter Rinderrollbraten
arrosto di vitello in crosta . . . . . . Kalbsbraten in Teigkruste
arrotolato di vitello . . . . Kalbsrollbraten
asino . . . . Esel

B

bacon . . . . Bacon
barone d'agnello arrosto
  (cosce e sella) . . . . gebratene Lammkeule
                                              und Lammrücken

41

beccaccia (= beccaccina) . . . . Schnepfe, Waldschnepfe
beccafichi. . . . . Gartengrasmücken
bianchetto . . . . Frikassee
bianchetto di agnello. . . . . Lammfrikassee
bianchetto di vitello. . . . . Kalbsfrikassee
bistecca . . . . Beefsteak
bistecca alla Bismarck
  (con uovo fritto sopra) . . . . Bismarck-Steak (mit Spiegelei)
bistecca alla fiorentina. . . . . Rumpsteak vom Grill
bistecca alla pizzaiola
  (in salsa di pomodoro) . . . . Beefsteak in Tomatensoße
bistecca alla tartara . . . . Tatar-Steak
bistecca di maiale
  affumicata alla brace . . . . geräuchertes
                       Schweinegrillsteak
bistecca di manzo . . . . Rindersteak
bistecca di vitello. . . . . Kalbssteak
bistecca di vitello macinata . . . . . Hacksteak vom Kalb
bistecca farcita con formaggio . . Steak mit Käsefüllung
bocconcini di vitello . . . . Kalbsragout
bocconcini di petto di pollo. . . . . Hühnerbrust-Ragout
bolliti al carrello. . . . . gekochtes Fleisch
                       vom Servierwagen
bollito di manzo. . . . . gekochtes Rindfleisch
bollito misto. . . . . gemischtes Kochfleisch
bottaggio
  (stufato di carne e verdure) . . . Eintopf
braciola di maiale . . . . Schweinekotelett
braciola di maiale affumicata . . . geräuchertes Schweinekotelett
bracioline di agnello . . . . Lammkoteletts
brasato di manzo . . . . Rinderschmorbraten
bresaola . . . . Bündner Fleisch
bresaola di cavallo . . . . luftgetrocknetes Pferdefleisch

C

camoscio . . . . Gams
cappello del prete . . . . Kochwurst in
                       Schweineschwarte
cappone . . . . Kapphahn, Kapaun
cappone farcito alle noci . . . . Kapaun mit Walnussfüllung
capra . . . . Ziege
capretto . . . . Zicklein
capretto arrosto . . . . Zickleinbraten
capriolo . . . . Reh
carne di maiale . . . . Schweinefleisch
carne di manzo . . . . Rindfleisch
carne di vitello. . . . . Kalbfleisch

carne macinata . . . . Hackfleisch

carne secca . . . . luftgetrocknetes Fleisch

carni alla brace. . . . . Fleisch vom Holzkohlengrill

carpaccio (fette sottili
   di carne di manzo cruda) . . . . . Carpaccio (hauchdünne,
                                rohe Rindfleischscheiben)

carpaccio di cervo ai porcini . . . . Hirsch-Carpaccio
                                (hauchdünne, rohe Scheiben)
                                mit Steinpilzen

carré. . . . . Karree

carré di maiale. . . . . Schweinskarree

carré di vitello . . . . Kalbskarree

casoeula (= bottaggio) . . . . Eintopf

cassoulet (stufato d'oca e
   montone cotto in grasso d'oca) Cassoulet (Gans und Hammel
                                in Gänseschmalz geschmort)

castrato (= montone). . . . . Hammel

cavallo . . . . Pferd

cervello . . . . Hirn

cervello al burro nero . . . . Hirn mit schwarzer Butter

cervello alla milanese (impanate) Hirn nach Mailänder Art
                                (paniert)

cervello alla Villeroy (immerse
   in salsa Villeroy e impanate). . . Hirn in Villeroy-Soße
                                (gewendet und paniert)

cervello di vitello . . . . Kalbshirn

cervello fritto. . . . . gebackenes Hirn

cervo . . . . Hirsch

ciccioli . . . . Grieben

cinghiale . . . . Wildschwein

cinghialetto . . . . Frischling

civet di capriolo . . . . Rehpfeffer

civet di lepre . . . . Hasenpfeffer

civet o civé (stufato aromatizzato
   con sangue). . . . . Wildpfeffer (geschmortes
                                Wildbret mit Blut
                                aromatisiert)

collo . . . . Hals

collo d'oca ripieno . . . . gefüllter Gänsehals

colombaccio. . . . . Ringeltaube

coniglio . . . . Kaninchen

coniglio all'acquavite. . . . . Kaninchen in Branntwein

coniglio selvatico. . . . . Wildkaninchen

controfiletto. . . . . Lendensteak

coppa di testa. . . . . Schweinskopf-Preßsack

corata di agnello . . . . Lammgeschlinge

corata o coratella . . . . Geschlinge

cordon bleu
(fettina farcita con prosciutto
e formaggio e impanata)...... Cordon Bleu
(paniertes Schnitzel mit
Schinken und Käse gefüllt)
cosce di coniglio farcite........ gefüllte Kaninchenkeulen
cosce di pollo................ Hähnchenkeulen
coscia di capriolo al forno ...... im Ofen gebratene Rehkeule
coscia di faraona farcita........ gefüllte Perlhuhnkeule
coscia di maiale .... Schweinekeule
coscia di vitello .... Kalbskeule
cosciotto d'agnello............ Lammkeule
cosciotto di camoscio .... Gamskeule
cosciotto di montone.......... Hammelkeule
costata alla fiorentina .... Beefsteak vom Grill
costata di manzo .... Entrecôte, Rumpsteak
costata di manzo alla bernese
(alla griglia e con salsa bernese) Entrecôte Bèarnaise (gegrillt,
mit Sauce Bèarnaise)
costata di manzo alla brace ..... Entrecôte vom Holzkohlengrill
costata di manzo doppia .... doppeltes Entrecôte
costata di puledro .... Rumpsteak vom Fohlen
costata di vitello.............. Entrecôte vom Kalb
costine d'agnello .... Lammrippchen
costine di maiale .... Schälrippchen vom Schwein
costolette di agnello........... Lammkoteletts
costolette di agnello
impanate alle erbe .... panierte Lammkoteletts
mit Kräutern
costolette di capriolo
alle erbe di montagna........ Rehkoteletts mit
Gebirgskräutern
costolette di maiale .... Schweinekoteletts
cotechino .... Kochwurst
cotechino alle verdure......... Kochwurst mit Gemüse
cotechino e lenticchie .... Kochwurst mit Linsen
(traditionelles Gericht am
letzten Tag des Jahres)
cotechino in galera
(avvolto in carne di vitello).... Kochwurst in
Kalbfleischmantel
cotenna di prosciutto.......... Schinkenschwarte
cotenne (cotiche) di maiale..... Schweineschwarte
cotoletta alla bolognese
(impanata e gratinata con
prosciutto crudo e formaggio) . Bologneser Schnitzel
(paniert, mit rohem Schinken
und Käse überbacken)

cotoletta alla milanese . . . . Wiener Schnitzel
cotoletta di vitello . . . . Kalbsschnitzel
coturnice . . . . Steinhuhn
creste di gallo. . . . . Hahnkämme
crocchette di pollo . . . . Geflügelkroketten
cuore . . . . Herz

D - E

daino . . . . Damhirsch
dorso di lepre . . . . Hasenrücken
entrecôte (= costata di manzo) . . Entrecôte, Rumpsteak
estratto di carne. . . . . Fleischextrakt

F

fagiana . . . . Fasanhenne
fagiano . . . . Fasan
fagiano di monte . . . . Birkhahn
faraona. Perlhuhn
faraona agli agrumi . . . . Perlhuhn auf Zitrusfrüchten
faraona disossata farcita
    con porcini . . . . entbeintes Perlhuhn
                                        mit Steinpilzen gefüllt
fegatini di pollo . . . . Hühnerleber
fegato. . . . . Leber
fegato (fresco) d'anatra . . . . Entenleber
fegato (fresco) d'oca . . . . Gänseleber
fegato alla veneziana
    (con cipolle) . . . . venezianische Leber
                                        (mit Zwiebeln)
fegato di vitello alla milanese . . . Kalbsleber nach Mailänder Art
fegato di vitello all'inglese
    (con pancetta). . . . . Kalbsleber nach englischer Art
                                        (mit Bauchspeck)
fegato grasso d'anatra . . . . Entenleberpastete
fegato grasso d'oca . . . . Gänseleberpastete
fesa di vitello . . . . Kalbsnuss
fettina di vitello . . . . Kalbsschnitzel
filetto Chateaubriand . . . . Filet Chateaubriand
filetto di maiale . . . . Schweinefilet
filetto di maiale al pesto . . . . Schweinefilet in Kräutersoße
filetto di manzo . . . . Rinderfilet
filetto mignon . . . . Filet Mignon
filetto Strogonoff (a pezzetti,
    con cetriolini, panna e funghi) . Filetgulasch Strogonoff (mit
                                        Cornichons, Sahne und
                                        Pilzen)
filetto Wellington
    (in involucro di pasta sfoglia). . Filet Wellington
                                        (im Blätterteigmantel)

45

fòlaga . . . . Blässhuhn
fonduta bourguignonne . . . . Fleischfondue nach
                                Burgunder Art
francolino di monte. . . . . Haselhuhn
frattaglie . . . . Innereien
fricandò (brasato
  di vitello lardellato). . . . . gespickter Kalbsschmorbraten

G

gallina . . . . Huhn, Henne
geretto di vitello in salsa delicata Kalbshaxe in delikater Soße
germano reale . . . . Stockente
gnocchi di carne . . . . Fleischklößchen
grigliata mista di carne . . . . gemischte Grillplatte
guancia di maiale. . . . . Schweinebacke
gulasch di vitello . . . . Kalbsgulasch
hamburger. . . . . Hamburger
hamburger di coniglio. . . . . Kaninchen-Hamburger
hamburger di pollo . . . . Geflügel-Hamburger

I

insaccato di maiale . . . . Schweine-Presssack
interiora. . . . . Innerereien
intingolo . . . . Tunke
intingolo d'oca. . . . . Gänse-Tunke
involtini di carne . . . . Fleischrouladen
involtini di manzo . . . . Rinderrouladen
involtini di pollo . . . . Hühnchenrouladen
involtini di vitello
  in foglie di vite . . . . Kalbsrouladen in Weinblättern

L

lardo. . . . . fetter Speck
lepre. . . . . Hase
lingua. . . . . Zunge
lingua di manzo salmistrata . . . . gepökelte Rinderzunge
lombata . . . . Lendenbraten
lombata di agnello disossata . . . . entbeinter Lendenbraten
                                vom Lamm
lombata di maiale . . . . Lendenbraten vom Schwein
lombata di manzo . . . . Lendenbraten vom Rind
lombata di vitello. . . . . Kalbslendenbraten
lombo di camoscio
  in crosta di funghi . . . . Gamslendenbraten
                                in Pilzkruste
lonza . . . . Schweinskarree-Wurst

M

maiale . . . . Schwein

maialino arrosto .... Spanferkel
manzo .... Rind
medaglioni di capriolo........ Rehmedaillons
medaglioni di cervello di vitello . Kalbshirn-Medaillons
medaglioni di fegato
  grasso d'oca .... Gänseleberpastete-Medaillons
medaglioni di vitello .... Kalbsmedaillons
merli .... Amseln
midollo.................... Mark
midollo di manzo............ Rindermark
montone .... Hammel
mortadella .... Mortadella

N

noce di vitello .... Kalbsnuss
nocette di agnello .... Lammnüsschen
nocette di capriolo........... Rehnüsschen
nodino di vitello............. Kalbskotelett

O

oca .... Gans
oca novella................. junge Gans
oca selvatica................ Wildgans
orecchi.................... Ohren
ortolani .... Gartenammern
ossibuchi di tacchino......... Truthahnschlegel in Scheiben
osso .... Knochen
ossobuco (fetta di geretto
  di vitello brasato) .... Ossobuco (geschmorte
                              Kalbshaxenscheibe)

P

padellata di coniglio con funghi . Kaninchenpfanne mit Pilzen
paillard.................... Kalbsschnitzel vom Grill
pajata (budella di vitello da latte) Milchkalbskaldaunen
pancetta................... Bauchspeck
pancetta affumicata.......... geräucherter Bauchspeck
pancetta arrotolata........... gerollter Bauchspeck
pancetta stagionata .... abgehangerer Bauchspeck
pancia.................... Bauch
pasticcio................... Pastete
pasticcio di cacciagione....... Wildpastete
pasticcio di lepre .... Hasenpastete
pâté di vitello .... Kalbspastete
pavoncella .... Kiebitz
pernice.................... Rebhuhn
petto...................... Brust
petto di pollo .... Hähnchenbrust

petti di pollo all'arancia	Hähnchenbrust auf Orangen
petto di tacchino	Putenbrust
petto di vitello arrotolato	Kalbsbrustrollbraten
petto di vitello farcito	gefüllte Kalbsbrust
petto d'anatra	Entenbrust
petto d'oca farcito	gefüllte Gänsebrust
piatto freddo	kalte Platte
piatto unico di carne	Fleischgericht als einziger Gang
piccata al limone	Kalbsschnitzel mit Zitrone
piccione	Taube
piccione novello	junge Taube
piccione selvatico	Wildtaube
piedini di maiale	Schweinefüßchen
piedino di vitello	Kalbsfüßchen
piviere	Regenpfeifer
pollame	Geflügel
pollanca (pollastra)	Masthenne
pollanca in casseruola	Masthenne im Schmortopf
pollo	Hähnchen
pollo al curry	Curry-Hähnchen
pollo alla diavola (battuto e cotto alla griglia) . . .	Hähnchen nach Teufelsart (geklopft und gegrillt)
pollo alla provenzale (con salsa di pomodoro, acciughe, aglio e olive)	provenzalisches Hähnchen (mit Tomatensoße, Sardellen, Knoblauch und Oliven)
pollo all'americana (alla griglia, con pancetta e pomodori)	Hähnchen nach amerikanischer Art (gegrillt, mit Bauchspeck und Tomaten)
pollo e patatine fritte	Hähnchen mit Pommes Frites
pollo in casseruola bonne femme (con cipolline e pancetta)	Hähnchen im Schmortopf (mit Zwiebelchen und Bauchspeck)
pollo mandorle e peperoni	Hähnchen mit Mandeln und Paprika
pollo nostrano	heimisches Hähnchen
pollo novello	junges Hähnchen
pollo ruspante	Freilandhähnchen
polpette in salsa di pomodoro . . .	Fleischklößchen (Frikadellen) in Tomatensoße
prosciutto	Schinken

prosciutto cotto . . . . gekochter Schinken
prosciutto crudo . . . . roher Schinken
prosciutto crudo dolce. . . . . milder, roher Schinken
prosciutto di cervo. . . . . Hirschschinken
prosciutto di cinghiale. . . . . Wildschweinschinken
prosciutto di daino . . . . Damhirschschinken
prosciutto di montagna . . . . Gebirgsschinken
prosciutto di Parma . . . . Parma-Schinken
prosciutto locale . . . . heimischer Schinken

Q - S

quaglia . . . . Wachtel
salame . . . . Salami
salame all'aglio . . . . Knoblauchsalami
salame cotto. . . . . Kochwurst
salame di Milano . . . . Mailänder Salami
salame d'oca . . . . Gänsesalami
salame fresco. . . . . frische Salami
salame ungherese . . . . ungarische Salami
salamino fresco . . . . kleine, frische Salami
salsiccia . . . . Wurst
salsiccia di cavallo . . . . Pferdewurst
salsiccia di cinghiale . . . . Wildschweinwurst
salsiccia di fegato. . . . . Leberwurst
salsiccia secca . . . . luftgetrocknete Wurst
salumi assortiti . . . . gemischte Wurstwaren
salumi di produzione propria . . . Wurstwaren aus eigener
                                        Metzgerei
sanguinaccio . . . . Blutwurst
scaloppa, scaloppina . . . . gedünstete Kalb- oder
                                        Rindfleischscheibe
selezione di salumi locali . . . . . . Auswahl heimischer
                                        Wurstsorten
speck . . . . Schinkenspeck
starna. . . . . Rebhuhn

T - V

tacchino. . . . . Pute, Truthahn
tacchino con funghi. . . . . Pute mit Pilzen
testina di vitello . . . . Kalbskopf
vitello. . . . . Kalbfleisch
vitello tonnato . . . . Kalbfleisch in Thunfischsoße

W - Z

wurstel. Bratwurst oder Bockwurst
wurstel di fegato . . . . Leberwurst
zampone . . . . Kochwurst in der Haut
                                        eines Schweinefußes

49

Uova = Eierspeisen

F

frittata . . . . Omelett
frittata con prosciutto . . . . Omelett mit Schinken
frittatina alle erbe aromatiche. . . kleines Omelett mit Kräutern

O

omelette. . . . . Omelett
omelette al formaggio . . . . Käse-Omelett
omelette al naturale. . . . . Omelett natur
omelette con carciofi. . . . . Omelett mit Artischocken
omelette con cipolle . . . . Omelett mit Zwiebeln
omelette con funghi . . . . Omelett mit Pilzen
omelette con patate. . . . . Omelett mit Kartoffeln
omelette con pomodori . . . . Omelett mit Tomaten
omelette con salsa di pomodoro . Omelett mit Tomatensoße
omelette con salsiccia . . . . Omelett mit Wurst
omelette con zucchine . . . . Omelett mit Zucchini

U

uova affogate . . . . pochierte Eier
uova affogate alla fiorentina
  (con spinaci e salsa Mornay). . . pochierte Eier nach
                             Florentiner Art (mit Spinat
                             und Mornay-Sauce)
uova affogate all'americana
  (con pomodoro e pancetta) . . . pochierte Eier nach
                             amerikanischer Art (mit
                             Tomaten und Bauchspeck)
uova affogate Joinville
  (con gamberetti) . . . . pochierte Eier Joinville
                             (mit Krabben)
uova affogate Mornay
  (gratinate con salsa Mornay) . . pochierte Eier Mornay
                             (mit Mornay-Sauce gratiniert)
uova affogate su letto di spinaci . pochierte Eier auf Spinatbett
uova affogate su toast . . . . pochierte Eier auf Toast
uova alla coque (bollite 3-4 min) . weichgekochte Eier (3-4 Min.)
uova alla russa
  (sode con insalata russa) . . . . . russische Eier (hartgekocht
                             mit russischem Salat)
uova bazzotte (bollite 5-6 min) . . halbweich gekochte Eier
                             (5-6 Minuten)
uova bazzotte in gelatina
  di prosciutto . . . . halbweiche Eier in
                             Schinkengelee
uova di quaglia. . . . . Wachteleier

uova farcite . . . . gefüllte Eier
uova fritte . . . . Spiegeleier
uova fritte al bacon . . . . Spiegeleier mit geräuchertem
                                           Bauchspeck
uova fritte al prosciutto . . . . Spiegeleier mit Schinken
uova in camicia = uova affogate . pochierte Eier
uova in cocotte . . . . Eier in Backförmchen
uova in forma . . . . Eier in der Form
uova in gelatina . . . . Eier in Gelee
uova ripiene . . . . gefüllte Eier
uova sode . . . . hartgekochte Eier
uova strapazzate . . . . Rührei
uova strapazzate con funghi . . . . Rührei mit Pilzen
uova strapazzate su crostone . . . . Rührei auf Röstbrot
uovo all'ostrica (tuorlo crudo
    con sale, pepe e limone) . . . . . . Ei nach Austernart
                                           (rohes Eigelb mit Salz,
                                           Pfeffer und Zitrone)
uovo . . . . (ein) Ei

Verdure = Gemüse

A

acetosa . . . . Sauerampfer
alghe . . . . Algen
alghe marine . . . . Meeresalgen
asparagi . . . . Spargel
avena . . . . Hafer

B

bambù . . . . Bambus
barba di frate . . . . Sodakraut
barbabietole . . . . Rote Bete
bietole . . . . Mangold
borragine . . . . Borretsch
broccoli . . . . Brokkoli
bruscandoli . . . . Wildsprossen

C

calendula . . . . Ringelblumenblüten
cappelle di funghi . . . . Pilzhüte
carciofi . . . . Artischocken
carote . . . . Karotten, Möhren
catalogna . . . . bittere Zichorie

cavolfiori . . . . Blumenkohl
cavolini di Bruxelles . . . . Rosenkohl
cavolo. . . . . Weißkohl
cavolo cappuccio . . . . Spitzkohl
cavolo cinese . . . . Chinakohl
cavolo nero. . . . . Schwarzkohl
cavolo rapa. . . . . Kohlrabi
cavolo rosso . . . . Rotkohl
cavolo verde. . . . . Grünkohl
ceci. . . . . Kichererbsen
cereali . . . . Zerealien, Körner
cetriolo. . . . . Gurke
cetriolini sottaceto. . . . . Essiggurken
champignons. . . . . Champignons
chiodini . . . . Hallimasch
cicoria . . . . Zichorie
cicoria al forno. . . . . überbackene Zichorie
cime di rape. . . . . Rübensprossen
cipolla . . . . Zwiebel
cipolle in agrodolce . . . . süßsaure Silberzwiebeln
cipolline. Silberzwiebeln
crauti . . . . Sauerkraut
cren . . . . Meerfenchel
crescione . . . . Kresse

E

erba cipollina. . . . . Schnittlauch
erba stella. . . . . Spitzwegerich
estratto di verdure. . . . . Gemüseextrakt

F

fagioli. . . . . Bohnen
fagioli bianchi . . . . weiße Bohnen
fagioli di soia . . . . Sojabohnen
fagioli rossi . . . . rote Bohnen
fagiolini . . . . grüne Bohnen
farro. . . . . Dinkel
fave. . . . . Saubohnen
finocchio . . . . Fenchel
fiocchi di avena . . . . Haferflocken
fiori di zucchine . . . . Zucchiniblüten
fiori d'acacia . . . . Akazienblüten
foglie di basilico. . . . . Basilikumblätter
funghi . . . . Pilze
funghi finferli cantarelli . . . . Pfifferlinge
funghi agarici . . . . Blätterpilze
funghi geloni . . . . Austernseitlinge

funghi lattaioli . . . . Edelreizker
funghi porcini . . . . Steinpilze
funghi prataioli . . . . Wiesenchampignons
funghi spugnole. . . . . Morcheln
funghi trombette dei morti . . . . . Totentrompeten

G

gambo di sedano . . . . Staudensellerie
germogli . . . . Sprossen
grano . . . . Weizen
grano duro. . . . . Hartweizen
grano saraceno . . . . Buchweizen

I

indivia . . . . Endiviensalat
insalata. Salat
insalata di finocchi . . . . Fenchelsalat
insalata selvatica . . . . Feldsalat
insalata verde. . . . . grüner Salat

L - M

lattuga (di cappuccio) . . . . Kopfsalat
legumi . . . . Hülsenfrüchte
lenticchie. . . . . Linsen
lupini . . . . Lupinen
mais . . . . Mais
melanzane . . . . Auberginen
melanzane sottolio . . . . (in Öl) eingelegte Auberginen
miglio. . . . . Hirse

N - O

navoni . . . . Steckrüben
ortica . . . . Brennessel
orzo . . . . Graupen
ovoli . . . . Kaiserlinge

P

padellata di porcini . . . . Steinpilzpfanne
pannocchia di granoturco . . . . . . Maiskolben
parietaria . . . . Glaskraut
parmigiana di melanzane . . . . . . Auberginenauflauf
pasticcio di verdure. . . . . Gemüsepastete
patate. . . . . Kartoffeln
patate al cartoccio . . . . Folienkartoffeln
patate al forno . . . . gebackene Kartoffeln
patate alla crema . . . . Rahmkartoffeln
patate americane . . . . Süßkartoffeln
patate arrosto. . . . . Röstkartoffeln

patate bollite . . . . Salzkartoffeln
patate bollite in camicia . . . . Pellkartoffeln
patate chips . . . . Kartoffelchips
patate farcite . . . . gefüllte Kartoffeln
patate fritte . . . . frittierte Kartoffeln
patate gratinate . . . . gratinierte Kartoffeln
crocchette di patate . . . . Kartoffelkroketten
patate novelle . . . . frische Kartoffeln
patate rosolate . . . . Bratkartoffeln
peperoni . . . . Paprikaschoten
peperonata . . . . Paprika, Zwiebeln
                                             und Tomaten
peperoni sottaceto . . . . in Essig eingelegte Paprika
petali di rosa . . . . Rosenblätter
piselli . . . . Erbsen
piselli novelli . . . . feine Erbsen
piselli secchi . . . . getrocknete Erbsen
polenta . . . . Maismehlbrei
polpette fritte di verdura . . . . . . gebackene Gemüseklößchen
polpette di zucchine . . . . Zucchiniklößchen
pomodori . . . . Tomaten
porri . . . . Lauch
portulaca . . . . Portulak
prezzemolo . . . . Petersilie
puntarelle . . . . Zichorienherzsalat
punte di asparagi . . . . Spargelspitzen
purè di patate . . . . Kartoffelpüree
purè di piselli . . . . Erbsenpüree
purè di lenticchie . . . . Linsenpüree

R
rabarbaro . . . . Rhabarber
radicchio . . . . Radicchio
radici . . . . Wurzeln
ramolaccio . . . . Rettich
rapa . . . . Knollensellerie
rape . . . . Rüben
raperonzolo . . . . Rapunzelrübe
ratatouille . . . . Gemüsepfanne
ravanelli . . . . Radieschen
riscoli . . . . Salzkraut
rotoli di spinaci . . . . Spinatrollen
rucola . . . . Gartenrauke
rucola palustre . . . . Barbarakraut

S
sauté di verdure . . . . sautiertes Gemüse

scarola . . . . Eskariol
scorzobianche . . . . Wiesenbocksbart
scorzonere . . . . Schwarzwurzeln
sedano . . . . Sellerie
selvatici . . . . Wildsprossen
sesamo . . . . Sesam
sfornato di patate . . . . Kartoffelauflauf
silene . . . . Leimkrautsprossen
soia . . . . Soja
sottaceti . . . . Mixed Pickles
soufflé di patate . . . . Kartoffelsoufflè
spinaci . . . . Spinat
spinaci e funghi in insalata . . . . . Spinat-Pilz-Salat
spuma di cavolfiore . . . . Blumenkohlmousse
strudel di verdure . . . . Gemüsestrudel

T
taccole . . . . Zuckererbsen
tarassaco . . . . Löwenzahn
tartufo . . . . Trüffel
terrina di verdure . . . . Gemüseterrine
topinambur . . . . Topinambur
tortino caldo . . . . warmes Törtchen

V
verdure . . . . Gemüse
verdure bollite . . . . gekochtes Gemüse
verdure crude . . . . rohes Gemüse, Rohkost
verdure di stagione . . . . Gemüse der Saison
verdure grigliate miste . . . . gegrilltes Mischgemüse
verdure novelle . . . . junges Gemüse
verdure sottaceto . . . . in Essig eingelegtes Gemüse
verdure assortite . . . . gemischtes Gemüse
verza . . . . Wirsing
violette . . . . Veilchen

Z
zucca . . . . Kürbis
zucchini . . . . Zucchini

Cottura= Zubereitung

A

acqua pazza, in acqua pazza .... im Fischsud (mit Meerwasser)
aglio, all'aglio................ mit Knoblauch
agro, all'agro .... sauer
agrodolce, in agrodolce .... süßsauer

B

besciamella, alla besciamella.... in Bechamelsoße
bollito..................... gekocht
bordolese, alla bordolese
  (brasato con midollo) .... nach bardolaiser Art
brasato .... geschmort
burro, al burro .... mit Butter
burro fuso, al burro fuso .... mit zerlassener Butter

C - D - E

cartoccio, al cartoccio .... in Folie gebacken
crema, alla crema .... in Rahmsoße
crostone, su crostone.......... auf Röstbrot
dorato (immerso
  nell'uovo e fritto) .... in Ei gewendet und gebacken
erbe aromatiche,
  alle erbe aromatiche......... mit Gewürzkräutern

F

farcito..................... gefüllt
fiorentina, alla fiorentina
(farcito con spinaci e gratinato
  con salsa Mornay)........... nach Florentiner Art
                      (mit Spinatfüllung und
                      mit Mornay-Soße gratiniert)
fondente.................... geschmolzen
forma, in forma .... in der Form
forno, al forno .... im Ofen gebacken
francese, alla francese
  (con lattuga e cipolla)........ nach französischer Art
                      (mit Lattich und Zwiebel)
fritto...................... gebraten, frittiert
funghetto, al funghetto .... mit Tomatensoße
                      und Knoblauch

G

glassato .... glasiert
gratinato .... gratiniert, überbacken

greca, alla greca (bollito con olio,
limone ed erbe aromatiche) . . . auf griechische Art
(mit Öl, Zitrone und Kräutern)

griglia, alla griglia . . . . vom Grill, gegrillt

I - M - O

inglese, all'inglese (bollito e
guarnito con burro) . . . . nach englischer Art (gekocht
und mit Butter garniert)

insalata, in insalata . . . . mit Salat

milanese, alla milanese (con
parmigiano, burro e uovo fritto). nach Mailänder Art
(mit Parmesankäse, Butter
und Spiegelei)

Mornay, alla Mornay
(gratinato con salsa Mornay) . . Mornay (mit Mornay-Soße
gratiniert)

olio, con olio . . . . mit Öl

P

padella, in padella . . . . in der Pfanne, gebraten

panna, alla panna. . . . . mit Rahmsoße

parmigiana, alla parmigiana . . . . nach Parma-Art

pastella, in pastella . . . . im Tropfteig

piastra, alla piastra. . . . . gegrillt, vom Grill

polacca, alla polacca (spolverato
con uova sode tritate,
prezzemolo e pangrattato) . . . . nach polnischer Art
(mit feingehackten harten
Eiern, Petersilie und
Semmelbröseln bestreut)

pomodoro, al pomodoro . . . . in Tomatensoße

prezzemolo, al prezzemolo . . . . . mit Petersilie

prosciutto, al prosciutto . . . . mit Schinken

provenzale, alla provenzale
(farcito con pane, prezzemolo,
aglio e gratinato). . . . . nach provenzalischer Art
(überbacken, mit Füllung aus
Brot, Petersilie und
Knoblauch)

purea, in purea. . . . . Püree, püriert

R - S

ripieno . . . . gefüllt

salsa di carne, in salsa di carne . . in Fleischsoße

salsa di midollo . . . . in Marksoße

salsa piccante, in salsa piccante . in scharfer Soße

saltato . . . . sautiert, geschwenkt

sottolio. in Öl eingelegt

stampo, in stampo . . . . in der Form

stufato . . . . geschmort

T - U - V

trifolato . . . . mit Knoblauch
und Petersilie sautiert

umido, in umido . . . . in Soße oder gedünstet

vapore, al vapore . . . . in Dampf gegart

Erbe & spezie = Kräuter & Gewürze

A

aceto. . . . . Essig

aceto balsamico (aceto agrodolce
invecchiato in botti di legno) . . Balsamessig (süßsaurer Essig,
in Holzfässern gelagert)

aceto di fragole . . . . Erdbeeressig

aceto di mele . . . . Apfelessig

aceto di pesche . . . . Pfirsichessig

acetosa. Sauerampfer

acqua di rose . . . . Rosenwasser

aglio . . . . Knoblauch

alghe marine . . . . Meeralgen

alghe . . . . Algen

alloro . . . . Lorbeer

aneto . . . . Dill

angelica . . . . Engelwurz

anice. . . . . Anis

anice stellato . . . . Sternanis

artemisia . . . . Beifuß

asperula . . . . Waldmeister

assenzio . . . . Wermut

B

bacche di ginepro . . . . Wacholderbeeren

bacche selvatiche. . . . . Wildbeeren

barbaforte (= cren). . . . . Meerrettich

basilico. Basilikum

bastoncini di cannella . . . . Zimtstangen

bicarbonato di sodio . . . . Natron

borragine (= borrana) . . . . Borretsch

C

cacao	Kakao
cacao amaro	bitterer Kakao
calendula	Ringelblume
camomilla	Kamille
cannella	Zimt
capperi	Kapern
cappuccina	Kapuzinerkresse
cardamomo	Kardamom
cartamo	Färberdistel
cedro candito	Zitronat
cedronella (= melissa)	Melisse
cerfoglio	Kerbel
chiodi di garofano	Nelken
cicoria	Wegwarte, Zichorie
coriandolo	Koriander
cren	Meerrettich
cumino	Kümmel
cùrcuma	Gelbwurz; Kurkuma
curry	Curry

D - E

dado	Brühwürfel
dente di leone (= tarassaco)	Löwenzahn
dragoncello	Estragon
erba acciuga (= cèrea, santoreggia)	Bohnenkraut
erba amara (= erba di San Pietro)	Marienblatt, Frauenblatt
erba cipollina	Schnittlauch
erba di San Pietro (= erba di Santa Maria)	Marienblatt, Frauenblatt
erba pera (= erba di San Pietro)	Marienblatt, Frauenblatt
erbe aromatiche	Gewürzkräuter
essenza di rose	Rosenessenz
estragone (= dragoncello)	Estragon
estratto di carne	Fleischextrakt
estratto di verdure	Gemüseextrakt

F - G

finocchiella (= finocchio selvatico)	wilder Fenchel
finocchio bastardo (= aneto)	Dill
finocchio selvatico (finocchiella)	wilder Fenchel
garofano	Gewürznelke
genepi	Beifuß
germogli di luppolo	Hopfensprossen

59

germogli di ortica . . . . Brennesselsprossen
germogli selvatici . . . . Wildsprossen
ginepro. Wacholder
glutammato . . . . Glutamat

L - M

lauro (= alloro) . . . . Lorbeer
levistico . . . . Liebstöckel
liquirizia . . . . Süßholz
macis . . . . Mazis, Muskatblüte
maggiorana . . . . Majoran
melissa. Melisse
menta. . . . . Minze
menta piperita . . . . Pfefferminze
mentuccia . . . . Poleiminze, wilde Minze
mirto . . . . Myrte
mostarda (= senape) . . . . Senf
mostarda di Cremona
   (frutta candita con senape). . . . Senffrüchte aus Cremona
                                    (kandierte Früchte mit Senf)
mostarda di Vicenza
   (polpa di mele cotogne
   con frutta candita e senape) . . . Vicenza (Quitten mit
                                    kandierten Früchten und Senf)

N - O

nastrurzio indiano
   (= cappuccina) . . . . Kapuzinerkresse
nepetella (= mentuccia). . . . . wilde Minze
nigelia . . . . Schwarzkümmel
noce moscata. . . . . Muskatnuss
origano. Oregano
origano fresco . . . . frischer Oregano
ortica . . . . Brennessel

P

papavero. . . . . Mohn
paprica . . . . Paprika
pepe . . . . Pfeffer
pepe bianco . . . . weißer Pfeffer
pepe di Caienna. . . . . Cayenne-Pfeffer
pepe in grani . . . . Pfefferkörner
pepe nero . . . . schwarzer Pfeffer
pepe rosa . . . . Rosenpfeffer
pepe verde . . . . grüner Pfeffer
peperoncino. . . . . Chilischote
pepolino (= serpillo) . . . . Feldthymian
pimento (pepe) della Giamaica . . Piment, Nelkenpfeffer
pimpinella (= salvastrella) . . . . . . Bibernelle

pinoli	Pinienkerne
pistacchio	Pistazie
polline	Pollen
polvere di cacao	Kakaopulver
polvere di caffè	Kaffeepulver
portulaca	Portulak
prezzemolo	Petersilie

R - S

rosa canina	Hundsrose, wilde Rose
rosmarino	Rosmarin
ruta	Weinraute
sale	Salz
sale fino	Tafelsalz
sale grosso	grobes Salz
salvastrella (= pimpinella)	Bibernelle
salvia	Salbei
santoreggia	Bohnenkraut
scalogno	Schalotte
sedano di montagna (= levistico)	Liebstöckel
semi di finocchio	Fenchelsamen
semi di papavero	Mohn
semi di sesamo	Sesamkörner
semi di zucca	Kürbiskerne
senape	Senf
serpillo	Feldthymian
sesamo	Sesam
soffione (= tarassaco)	Löwenzahn
spicchio d'aglio	Knoblauchzehe
stecca di vaniglia	Vanilleschote
stellina odorosa (= asperula)	Waldmeister

T - V

tamarindo	Tamarinde, Sauerdattel
tarassaco (= soffione)	Löwenzahn
timo	Thymian
vaniglia	Vanille
vanillina	Vanillin, Vanillezucker
verbena	Eisenkraut

Z

zafferano	Safran
zollette di zucchero	Würfelzucker
zucchero	Zucker
zucchero a velo	Puderzucker
zucchero di canna	Rohrzucker
zucchero dietetico	Diätzucker

Salse = Soßen

A

aceto . . . . Essig

aceto balsamico
(aceto agrodolce invecchiato
in botti di legno) . . . . Balsamessig (süßsaurer Essig,
in Holzfässern gelagert)

aceto di fragole . . . . Erdbeeressig

aceto di mele . . . . Apfelessig

aceto di pesche . . . . Pfirsichessig

acqua di rose . . . . Rosenwasser

acqua pazza, in acqua pazza . . . . Fischsud (mit Meerwasser)

agrodolce, salsa agrodolce . . . . . . süßsaure Soße

aioli, salsa aioli
(maionese con aglio) . . . . Aioli (Mayonnaise
mit Knoblauch)

B

besciamella, salsa besciamella . . . Bechamel-Soße

besciamella di soia,
salsa besciamella di soia . . . . . . Soja-Bechamel-Soße

bianca, salsa bianca . . . . weiße Soße

Bigarade, salsa Bigarade
(salsa di carne, succo di arancia,
scorze di arancia e limone) . . . . Fleischsoße mit Orangensaft,
Orangen- und Zitronenschale

bordolese, salsa bordolese
(salsa di carne
con midollo di manzo) . . . . Bordolaiser Soße
(Fleischsoße mit Rindermark)

bruna, salsa bruna (= demiglace) Demi-Glace

burro . . . . Butter

burro ai gamberetti . . . . Krabbenbutter

burro ai gamberi . . . . Garnelenbutter

burro al crescione . . . . Kressebutter

burro al dragoncello . . . . Estragonbutter

burro al salmone . . . . Lachsbutter

burro al tartufo . . . . Trüffelbutter

burro all'aglio . . . . Knoblauchbutter

burro all'aragosta . . . . Langustenbutter

burro all'astice . . . . Hummerbutter

burro alla erbe . . . . Kräuterbutter

burro alla maître d'hôtel (con
prezzemolo e succo di limone) . Maître d'Hotel-Butter (mit
Petersilie und Zitronensaft)

burro alla senape . . . . Senfbutter

burro alle acciughe . . . . Sardellenbutter
burro alle mandorle. . . . . Mandelbutter
burro alle nocciole. . . . . Haselnussbutter
burro Bercy (con midollo di bue,
   scalogno e prezzemolo) . . . . . . Bercy-Butter (mit Rindermark,
                                    Schalotten und Petersilie)
burro chiarificato (fuso
   e separato dal siero) . . . . geklärte Butter (zerlassen
                                     und von der Molke getrennt)
burro Colbert (con limone,
   prezzemolo e glassa di carne). . Colbert-Butter (mit Zitrone,
                                     Petersilie und Fleisch-Glace)
burro di arachidi . . . . Erdnußbutter
burro di carne . . . . Fleisch-Glace
burro fuso . . . . zerlassene Butter
burro nero . . . . schwarze Butter
burro nocciola . . . . braune Butter
burro per lumache (con aglio,
   prezzemolo e scalogno) . . . . . . Butter für Schnecken
                                     (mit Knoblauch, Petersilie
                                     und Schalotten)

C

cardinale, salsa cardinale
   (salsa di pesce, panna
   e burro d'astice) . . . . Kardinalsoße (Fischsoße,
                                     Sahne und Hummerbutter)
carne, salsa di carne . . . . Fleischsoße
choron, salsa choron (bernese
   con purè di pomodoro). . . . . . . Choron-Soße (Béarnaise-Soße
                                     mit pürierten Tomaten)
cocktail, salsa cocktail . . . . Cocktail-Soße
Colbert, salsa Colbert
   (salsa di carne, burro, limone,
   prezzemolo e dragoncello) . . . . Colbert-Soße (Fleischsoße,
                                     Butter, Zitrone, Petersilie
                                     und Estragon)
cren, salsa al cren . . . . Meerrettichsoße
curry, salsa al curry . . . . Currysoße

D - E

dado . . . . Brühwürfel
demiglace (= salsa bruna)
   (a base di carne, ossi,
   verdure e aromi) . . . . braune Soße, oder Demi-Glace
                                     (aus Fleisch, Knochen,
                                     Gemüse und Gewürzen)
Diana, salsa Diana
   (salsa di carne con molto pepe) Diana-Soße
                                     (Fleischsoße mit viel Pfeffer)
dragoncello, salsa al dragoncello. Estragonsoße

Duxelle, salsa Duxelle (salsa di
carne con verdure a cubetti). . . Duxelle-Soße (Fleischsoße
mit Gemüsewürfelchen)

essenza. . . . . Essenz

essenza di rose. . . . . Rosenessenz

estratto di carne. . . . . Fleischextrakt

estratto di verdure . . . . Gemüseextrakt

F - G

farcia . . . . Füllung, Farce

foyot (bernese con
glassa di carne) . . . . Foyot-Soße (Béarnaise-Soße
mit Fleisch-Glace)

funghi, salsa ai funghi . . . . Pilzsoße

glassa (salsa molto ristretta) . . . . Glace (sehr konzentrierte
Soße)

gribriche, salsa gribriche
(vinaigrette, cetriolini, capperi
ed erbe aromatiche) . . . . Gribiche-Soße
(Vinaigrette, Cornichons,
Kapern und Gewürzkräuter)

I - J - L

indiana, salsa indiana
(salsa di carne, cipolla,
panna e curry). . . . . indische Soße (Fleischsoße,
Zwiebeln, Sahne und Curry)

Joinville (salsa di pesce,
panna e burro ai gamberetti) . . Joinville-Soße (Fleischsoße,
Sahne und Krabbenbutter)

limone, salsa al limone . . . . Zitronensoße

lionese
(salsa di carne con cipolle) . . . . Lyoner Soße
(Fleischsoße mit Zwiebeln)

M

maionese, salsa maionese . . . . . . Mayonnaise

maizena . . . . Maisstärke

maltese, salsa maltese
(salsa olandese con succo
e scorze di arancia). . . . . Malteser Soße (holländische
Soße mit Orangensaft und
Orangenschale)

margarina . . . . Margarine

marinata . . . . Marinade

marmellata di zucca . . . . Kürbiscreme

mele, salsa di mele. . . . . Apfelsoße

mirtilli, salsa ai mirtilli . . . . Heidelbeersoße

Mornay, salsa Mornay
(besciamella con panna
e formaggio) . . . . Mornay-Soße (holländische
Soße mit Schlagsahne)

mostarda, salsa mostarda . . . . . . Senfsoße

mousseline, salsa mousseline
(salsa olandese con
panna montata) . . . . Mousseline-Soße
(holländische Soße
mit Schlagsahne)

N

nantua (besciamella, panna,
burro e gamberi). . . . . Nantua-Soße
(Bechamel-Soße,
Sahne, Butter und Garnelen)

normanna, salsa normanna
(salsa di pesce, panna e funghi) normannische Soße
(Fischsoße, Sahne und Pilze)

norvegese, salsa norvegese
(vinaigrette, tuorli d'uovo sodo
e acciughe) . . . . norwegische Soße
(Vinaigrette, hartgekochtes
Eigelb und Sardellen)

O

olandese, salsa olandese
(tuorli d'uovo, burro, aceto
e succo di limone). . . . . holländische Soße (Eigelb,
Butter, Essig und Zitronensaft)

olio. . . . . Öl

olio di arachidi. . . . . Erdnußöl

olio di girasole . . . . Sonnenblumenöl

olio di mais . . . . Maisöl

olio di mandorla . . . . Mandelöl

olio di oliva . . . . Olivenöl

olio di palma . . . . Palmöl

olio di sesamo . . . . Sesamöl

olio di soia . . . . Sojaöl

olio di vinacciolo . . . . Traubenkernöl

P

pane, salsa di pane. . . . . Brotsoße

panna. . . . . Sahne

panna acida . . . . saure Sahne

panna montata. . . . . Schlagsahne

Péringeux, salsa Péringeux
(salsa di carne con vino Madera
e tartufo). . . . . Péringeux-Soße
(Fleischsoße mit
Madeira und Trüffel)

pesce, salsa di pesce . . . . Fischsoße

piccante di carne,
salsa piccante di carne . . . . scharfe Fleischsoße

piccante, salsa piccante . . . . scharfe Soße

65

poivrade, salsa poivrade
(salsa di carne, verdure,
marinata e pepe)........... Pfeffersoße (Fleischsoße,
Gemüse, Marinade und
Pfeffer)

pomodoro fresco,
salsa di pomodoro fresco ..... Soße aus rohen Tomaten

pomodoro, salsa di pomodoro... Tomatensoße

portoghese, salsa portoghese
(pomodoro, salsa di carne,
cipolla, aglio e prezzemolo) ... portugiesische Soße
(Tomaten, Fleischsoße,
Zwiebeln, Knoblauch
und Petersilie)

provenzale, salsa provenzale
(salsa di pomodoro, aglio,
olive e funghi)............. provenzalische Soße
(Tomatensoße, Knoblauch,
Oliven und Petersilie)

R

Rachel, salsa Rachel
(bernese, glassa di carne
e purè di pomodoro)........ Rachel-Soße (Béarnaise-Soße
mit Fleisch-Glace und
pürrierten Tomaten)

Ravigote, salsa ravigote
(vinaigrette con cetriolini
e capperi) .... Ravigote-Soße (Vinaigrette mit
Cornichons und Kaperm)

remoulade (maionese, senape,
cetriolini, capperi, prezzemolo) Remouladen (Mayonnaise,
Senf, Cornichons, Kapern
und Petersilie)

ricca, salsa ricca (salsa di pesce,
panna, burro di gamberetti,
tartufo e funghi)........... üppige Soße (Mayonnaise,
Fischsoße, Sahne, Krabben-
butter, Trüffel und Pilzen)

Roberto, salsa Roberto
(salsa di carne con senape).... Roberto-Soße
(Fleischsoße mit Senf)

S

salamoia.................. Salzlake

salsa .... Soße

smitane, salsa smitane
(con cipolla, vino, burro,
panna acida e limone)....... Smitane-Soße (aus Zwiebeln,
saurer Sahne, Wein, Butter
und Zitrone)

soubise, salsa soubise,
(besciamella, cipolla e panna) . Soubise-Soße (Bechamel-
Soße mit Zwiebeln und Sahne)

spagnola, salsa spagnola
(salsa di carne) . . . . spanische Soße (Fleischsoße)

spicchio d'aglio . . . . Knoblauchzehe

strutto . . . . Schmalz

suprema, salsa suprema
(salsa di pollo con panna
e tuorli d'uovo) . . . . Sauce Supreme (Hühnersoße
mit Sahne und Eigelb)

T - V

tartara, salsa tartara (maionese,
senape, cetriolini, capperi,
prezzemolo e cipolle. . . . . Tatarsoße (Mayonnaise, Senf,
Cornichons, Kapern, Petersilie
und Zwiebeln)

tuorlo d'uovo . . . . Eigelb

verde all'italiana, (olio, aglio,
prezzemolo, acciughe,
capperi e cetriolini) . . . . italienische grüne Soße
(Öl, Knoblauch,
Petersilie, Sardellen,
Kapern und Cornichons)

Villeroy, salsa Villeroy (salsa
di carne, panna, prosciutto,
tartufo, funghi e pollo) . . . . Villeroy-Soße (Fleischsoße,
Sahne, Schinken, Trüffel,
Pilze und Hähnchen)

vinaigrette, salsa vinaigrette
(con olio, sale, aceto, cipolla,
pepe ed erbe aromatiche) . . . . . Vinaigrette-Soße (Öl, Salz,
Essig, Zwiebel, Pfeffer und
Gewürzkräutern)

vino bianco, salsa di vino bianco
(salsa di pesce con panna) . . . . Weißweinsoße (Fischsoße
mit Sahne)

vino rosso, salsa di vino rosso . . . Rotweinsoße

Formaggio = Käse

Eigennamen	*werden groß geschrieben, während allgemeine Bezeichnung klein geschrieben werden.*
Schema für Käsesorten. . . .	Herkunft; *In der Regel Ortschaften oder Städte, aber auch geographische Angaben.* (Region) *Die italienischen Regionen entsprechen strukturell den deutschen Bundesländern;* Rohmaterial; Reifezeit.
DOP - Denominazione d'origine protetta.	*mit staatlich geschützter Herkunftsbezeichnung*

A

Ambra di Talamello	Talamello (Marche/Marken); Schafs-, Ziegen- und Kuhmilch; Reifezeit: ca 4 Monate.
Asiago d'Allevo DOP	Vicenza, Treviso (Veneto/Venetien); Kuhmilch; Reifezeit: 6–12 Monate.
Asiago Pressato DOP	Vicenza, Treviso (Veneto/Venetien); Kuhmilch: Reifezeit: 2 Monate.

B

Bagoss	Vallata del Caffaro, Val Camonica, Val Trompia, Val Sabbia und Val Dorizzo (Lombardia); Kuhmagermilch; Reifezeit: 6–12 Monate.
Bernardo	Clusone (Lombardia); Kuh- und Ziegenmilch; Frischkäse.
Bettelmatt	Como, Varese, Novara (Piemonte); Kuhvollmilch und Magermilch; Reifezeit: 40 bis 50 Tage, manchmal auch ein Jahr.
Biancospino	Tertenia, San Nicol Gerrei, Nurri (Sardegna/Sardinien); Ziegenmilch; Reifezeit: 15–30 Tage.
Bitto DOP	Sondrio, Bergamo (Lombardia): Kuhvollmilch und Ziegenmilch; Reifezeit: 3–24 Monate.

bocconcini di mozzarella .. kleine Mozzarella-Bällchen, meistens aus Kuhmilch, die oft in Salzlake angeboten werden

Bonassai .... Nuoro, Santa Maria la Palma, Sinnai (Sardegna/Sardinien); Schafsmilch; Reifezeit: 20–30 Tage.

Boves................. Boves und Umgebung (Piemonte); Kuhvollmilch; Reifezeit: max. 20 Tage.

Bra duro DOP .... Cuneo, Torino (Piemonte); Kuhmagermilch, manchmal kleine Anteile von Ziegenmilch; Reifezeit: 6 bis 12 Monate.

Bra tenero DOP .... Cuneo, Torino (Piemonte); Magermilch; Frischkäse ohne Reifezeit.

Branzi .... Branzi und Umgebung (Lombardia); Kuhvollmilch; Reifezeit: 2–7 Monate.

brie (formaggio morbido con crosta fiorita) ...... Sammelbezeichnung; sehr weicher Weißschimmelkäse

brôs (crema di formaggi fermentati, aromatizzati) Käsecreme aus fermentierten und gewürzten Käsesorten

Burrata .... (Puglia/Apulien); Kuhmilch; Frischkäse.

Burrino in corteccia ...... (Campania/Kampanien); Kuhmilch; Reifezeit: 2 Monate.

Butirro .... Cosenza, Catanzaro (Calabria/Kalabrien); Kuhmilch; Frischkäse.

C

Caciofiore .... (Puglia/Apulien); Kuhmilch.

Cacio di forma di limone .. Val Metauro, (Marche/Marken); Schafsmilch; Reifezeit: 4–10 Tage.

Caciocavallo di Agnone ... (Molise); Kuhmilch; Frischkäse.

Caciocavallo podolico..... (Campania/Kampanien); Kuhmilch; 3–36 Monate.

Caciocavallo palermitano .. Palermo, Trapani, Godrano, Cinisi (Sicilia/Sizilien); Kuhmilch; Reifezeit: 3–12 Monate.

Caciocotto............. (Basilicata); Schafs- und Kuhmilch; Frischkäse.

Caciofiore aquiliano ...... (Abruzzo); Kuhmilch; Frischkäse.

Caciogargano .... Foggia (Puglia/Apulien); Schafsmilch; Frischkäse.

Cacioricotta campana..... (Campania/Kampanien); Ziegenmilch; Reifezeit: 4 Monate.

Cacioricotta
  caprino fresco . . . . (Abruzzo); Schafs- und
    Ziegenmilch; Reifezeit: 2–4 Tage.
Cacioricotta fresca . . . . Lenola (Lazio/Latium);
    Kuh-, Schafs-, Ziegen- und
    Büffelmilch; Frischkäse.
Cacioricotta . . . . (Basilicata); Schafs- und Ziegen-
    milch; Reifezeit: 0–4 Monate.
Cacioricotta . . . . (Puglia/Apulien); Ziegen- oder
    Schafsmilch; Frischkäse.
Caciotta al tartufo. . . . . (Umbria); Kuh- und Schafsmilch;
    Frischkäse.
Caciotta campana . . . . Bussento, Mingardo
    (Campania/Kampanien);
    Schafsmilch; Reifezeit: 3 Monate.
Caciotta di latte caprino . . . Sant'Ambrogio Valpolicella
    (Veneto/Venetien); Kuh- und
    Ziegenmilch; Reifezeit: 1 Monat.
Caciotta di pecora. . . . . Sant'Ambrogio Valpolicella
    (Veneto/Venetien);
    Kuh- und Schafsmilch;
    Reifezeit: 1 Monat.
Caciotta genuina romana . . (Lazio/Latium); Schafsmilch;
    Reifezeit: 10 Monate.
Caciotta misto pecora. . . . . Padova und Pergolotte di Cona
    (Veneto/Venetien); Kuh- und
    Schafsmilch; Reifezeit: 1 Monat.
Caciotta sarda . . . . (Sardegna/Sardinien);
    Schafsmilch; Reifezeit: 20–30 Tage.
Caciotta toscana . . . . Maremma (Toscana); Kuh- und
    Schafsmilch; Frischkäse.
Canestrato. . . . . (Sicilia/Sizilien); Kuh- und
    Ziegenmilch; Reifezeit:
    unterschiedlich.
Canestrato pugliese DOP . . Foggia, Bari (Puglia/Apulien);
    Schafsmilch; Reifezeit:
    2–10 Monate.
Cansiglio. . . . . Cansiglio (Veneto/Venetien);
    Kuhvollmilch; Reifezeit: 1 Monat.
Caprino a pasta cruda. . . . . (Sardegna/Sardinien);
    Ziegenmilch; Reifezeit: 3–6 Monate.
Caprino al
  pepe di Bagnolo . . . . Bagnolo e Barge (Piemonte);
    Ziegenmilch mit geringen Anteilen
    von Kuhmilch; Reifezeit:
    wenige Tage.
Caprino da grattugia. . . . . . Pieve di Teco, Ortovero,
    Valle Argentina, Cosio di Arroscia
    (Liguria); Ziegenmilch;
    Reifezeit: 1 Jahr.

Caprino degli Alburni. . . . . Monti Alburni (Campania/
Kampanien); Ziegenmilch;
Reifezeit: 4–5 Tage.

Caprino di Demonte. . . . . . Valle Stura (Piemonte);
Ziegenmilch; Reifezeit: 30–50 Tage.

Caprino di Rimella . . . . Valsesia, Rimella (Piemonte);
Ziegenmilch; Reifezeit: 2 Monate.

Caprino fresco . . . . Farra di Soligo (Veneto/Venetien);
Ziegenmilch; Frischkäse.

Caprino ossolano . . . . Domodossola, Varzo, Val Vigezzo
(Piemonte); Ziegenmilch;
Reifezeit: 5–20 Tage.

Caprino stagionato . . . . Farra di Soligo (Veneto/Venetien);
Ziegenmilch; Reifezeit: 12 Monate.

Caprino stagionato . . . . Montopoli Sabino (Lazio/Latium);
Ziegenmilch; Frischkäse.

Caprino stagionato . . . . Val Cilento (Campania/Kampanien);
Ziegenmilch; Reifezeit:
1–12 Monate.

Caprino . . . . Montegalda und Sant'Ambrogio di
Valpolicella (Veneto/Venetien);
Ziegenmilch; Reifezeit: 15 Tage.

Carnia dolce . . . . Comelico (Veneto/Venetien);
Kuhmilch; Reifezeit: 12 Monate.

Carnia/Cuc . . . . Karnische Alpen, (Friuli/Friaul);
Kuhmilch.

Casalina . . . . Treviso (Veneto/Venetien);
Kuhvollmilch; Reifezeit: 2 Monate.

Casareccio di Gorreto . . . . . Gorreto (Liguria); Kuhvollmilch
Reifezeit: 1 Monat.

Casatella romagnola . . . . . . (Emilia-Romagna); Kuhmilch;
Reifezeit: 1 Monat.

Casatella trevigiana . . . . . . Treviso (Veneto/Venetien);
Kuhvollmilch; Frischkäse.

Casatta nostrana . . . . Cortero Golgi, Campovecchio
(Lombardia); Kuhvollmilch;
Frischkäse.

Casciotta di Urbino DOP. . . Pesaro, (Marche/Marken);
Schafs- und Kuhmilch;
Reifezeit: 15–30 Tage.

Casera . . . . Valtellina (Lombardia);
Kuhmagermilch; Reifezeit:
2 Monate.

Casiello . . . . Aliano, Gallicchio, Corleto Perticara,
Guarda Perticara, Armento,
Missanello (Basilicata);
Ziegenmilch; Reifezeit: 4 Monate.

Casolèt . . . . Val Camonica (Lombardia);
Kuhmagermilch;
Reifezeit: 2-12 Monate.

71

Castelmagno DOP . . . . Castelmagno, Cuneo
(Piemonte); Kuhmilch;
Reifezeit: 2–5 Monate.

Casu Axedu . . . . Ogliastra (Sardegna/Sardinien);
Schafs- oder Ziegenmilch;
Frischkäse.

Cavrin di Coazze . . . . Valle di Fiume Sangore,
Chiaverano (Piemonte); Kuh- und
Ziegenmilch; Frischkäse.

Comelico . . . . Santo Stefano di Cadore
(Veneto/Venetien); Kuhmilch;
Reifezeit: 12 Monate.

Crescenza . . . . (Lombardia); Kuhmagermilch;
Frischkäse.

D

Dolce sardo . . . . Arborea, Santa Maria la Palma
(Sardegna/Sardinien); Kuhmilch;
Reifezeit: 15–20 Tage.

Dolcezza d'Asiago . . . . Asiago (Veneto/Venetien);
Kuhvollmilch; Frischkäse.

Dolomiti . . . . Mezzano Predazzo
(Trentino Alto Adige/Südtirol);
Kuhvollmilch; Frischkäse.

F

Fior di latte lampano . . . . . . Sorrento (Campania/Kampanien);
Kuhmilch; Frischkäse.

Fior di latte . . . . (Molise); Kuhmilch; Frischkäse.

Fiore sardo DOP . . . . (Sardegna/Sardinien);
Schafs- und Kuhmilch;
Reifezeit: 2–8 Monate.

Fodòm . . . . Livinallongo (Veneto/Venetien);
Kuhmilch; Reifezeit: 3 Monate.

fonduta di formaggio . . . . . Käsefondue

Fontina DOP . . . . (Valle d'Aosta); Kuhmilch;
Reifezeit: 3–8 Monate.

Formaggella del Bec . . . . . . Canzo, Dongo (Lombardia);
Ziegenmilch; Reifezeit: 40–60 Tage.

Formaggella . . . . Lombardia; Kuhmagermilch +
Ziegen- und Schafsmilch;
Reifezeit: 2 Monate.

Formaggetta di Bonassola . . Bonassola (Liguria); Kuhvollmilch;
Reifezeit: 2 Monate.

Formaggetta di mucca . . . . Pieve di Teco, Molini di Triora,
Cosio di Arroscia (Liguria);
Kuhvollmilch; Reifezeit: 2 Monate.

formaggio . . . . Käse

formaggi al carrello . . . . . . Käse vom Servierwagen

formaggi assortiti . . . . gemischte Käseplatte

formaggio a crosta fiorita . . Weißschimmelkäse

formaggio affumicato . . . . . Räucherkäse
formaggio alla piastra . . . . . Käse vom Grill
formaggio alle erbe . . . . Kräuterkäse
formaggio alle noci . . . . Walnusskäse
Formaggio caprino
   di alpeggio . . . . Valle Argentina (Liguria);
                                   Ziegenmilch; Reifezeit: 3 Monate.
formaggio da spalmare . . . . Streichkäse
Formaggio del Gleno . . . . . Val di Scalve (Lombardia);
                                   Kuhmagermilch;
                                   Reifezeit: 12 Monate.
Formaggio di alpeggio
   di Triora . . . . Triora (Liguria); Kuhmagermilch;
                                   Reifezeit: 12 Monate.
Formaggio di caglio . . . . . . Como (Lombardia); Kuh-, Ziegen-
                                   und Schafsmilch; Frischkäse.
formaggio di bufala . . . . . . Büffelkäse
formaggio di capra . . . . Ziegenkäse
Formaggio di capra
   a pasta fresca . . . . Medio Agri Sauro, Scanzano Jonico,
                                   Stigliano (Basilicata); Ziegenmilch;
                                   Frischkäse.
Formaggio di fossa . . . . Sogliano al Rubicone (Emilia-
                                   Romagna); Ziegen-, Schafs- und
                                   Kuhmilch; Reifezeit: 3 Monate.
Formaggio di Menconico . . Val Staffora (Lombardia); Kuh- und
                                   Ziegenmilch; Reifezeit: 20–40 Tage.
formaggio di pecora . . . . . . Schafskäse
formaggio duro . . . . Hartkäse
formaggio erborinato . . . . . Blauschimmelkäse
formaggio fresco . . . . Frischkäse
formaggio fresco
   alle erbe aromatiche . . . . Frischkäse mit Gewürzkräutern
formaggio fuso . . . . geschmolzener Käse
formaggio grattugiato . . . . . geriebener Käse
formaggio morbido . . . . Weichkäse
formaggio olandese . . . . . . holländischer Käse
Formaggio salato . . . . Val d'Arzino, Spilimbergo,
                                   (Friuli/Friaul); Kuhmilch;
                                   Reifezeit: 2–6 Monate.
formaggio semiduro . . . . . . Halbhartkäse
Formaggio semigrasso
   d'alpe . . . . Bormio, Livigno (Lombardia);
                                   Kuhmilch; Reifezeit:
                                   bis zu zwei Jahre.
formaggio sottolio . . . . in Öl eingelegter Käse
formaggio stagionato . . . . . reifer Käse
formaggio vaccino . . . . Käse aus Kuhmilch

Formai de Mut DOP . . . . . . Bergamo, Valle Brembana
(Lombardia); Kuhmagermilch;
Reifezeit: 6–12 Monate

Frue. . . . . Ogliastra (Sardegna/Sardinien);
Schafs- oder Ziegenmilch;
Frischkäse.

Furmaggitt di
Montevecchia. . . . . Montevecchia (Lombardia);
Kuhvollmilch; Reifezeit:
ein Jahr und länger.

G

Giuncà. . . . . Val di Lanzo (Piemonte);
Kuhmilch; Frischkäse.

Giuncatella . . . . Aquila (Abruzzo); Schafs- und
Ziegenmilch; Frischkäse.

Gongorzola DOP . . . . Gorgonzola (Lombardia und
Piemonte); Kuhvollmilch;
unterschiedliche Reifezeiten.

Gorgonzola a
due paste DOP . . . . (Lombardia); Kuhvollmilch;
Reifezeit: 2–6 Monate.

Gorgonzola bresciano DOP. Bergamo, Brescia
(Lombardia); Kuhvollmilch;
Reifezeit: 2–3 Monate.

Gorgonzola con coda DOP . Alpi Bresciane (Lombardia);
Kuhvollmilch; Frischkäse.

Grana padano DOP . . . . (Lombardia, Piemonte,
Emilia Romagna, Veneto);
Kuhvollmilch;
Reifezeit: 1–3 Jahre.

Granone lodigiano . . . . . . Lodi, Milano, Abbiategrasso
(Lombardia); Kuhvollmilch;
Reifezeit: 2–4 Jahre.

Grasso d'alpe. . . . . Region Alto Novarese
(Piemonte, Lombardia);
Kuhmilch; Reifezeit:
bis zu 70 Tagen.

I - L - M

Incanestrato foggiano
di Castel del Monte . . . . . Castel di Monte (Abruzzo);
Schafsmilch;
Reifezeit: 8–24 Monate.

Ircano . . . . Tertenia, Guspini, San Nicol Gerrei
(Sardegna/Sardinien); Ziegenmilch;
Reifezeit: 15–20 Tage.

Latteria . . . . Treviso, Belluno (Veneto/Venetien);
(auch Friuli/Friaul); Kuhvollmilch;
Frischkäse.

Magnuca
(Magnocca, Maiòc) . . . . . Sondrio (Lombardia);
Kuhmilch;Reifezeit: 2–12 Monate.

Magro di Piatta . . . . Cremona (Lombardia);
Kuhvollmilch; Reifezeit:
3–12 Monate.

Maiorchino . . . . Bosico, Novara di Sicilia,
Montalbano di Elicona, Fondachelli,
Tripi, Santa Lucia del Mela,
Mezzarrà Sant'Andrea
(Sicilia/Sizilien); Schafsmilch;
Reifezeit: 20–30 Tage.

Malga . . . . Udine, Pordenone, (Friuli/Friaul);
Kuh-, Schafs- und Ziegenmilch;
Reifezeit: 10–20 Tage.

Manteca . . . . (Puglia/Apulien); Kuhmilch;
Frischkäse.

Marzolina . . . . Frosinone, Latina (Lazio/Latium);
Ziegenmilch; Reifezeit: 12 Monate.

Marzotica . . . . Lecce (Puglia/Apulien); Kuh- und
Schafsmilch; Reifezeit: 10–15 Tage.

Monte delle Dolomiti . . . . . Zoldo Alto, Colle Santa Lucia
(Veneto/Venetien); Kuhmilch;
Reifezeit: 12 Monate.

Monte fresco . . . . Malcesine, Monte Baldo
(Veneto/Venetien); Kuhmilch;
Frischkäse.

Monte stagionato . . . . Malcesine, Monte Baldo
(Veneto/Venetien); Kuhmilch;
Reifezeit: 12 Monate.

Monte veronese
magro DOP . . . . Monti Lessini (Veneto);
Kuhmilch; Reifezeit: 12–24 Monate.

Monte veronese DOP . . . . . Monti Lessini
(Veneto/Venetien);
Kuhvollmilch;
Reifezeit: 2 Monate.

Montasio DOP . . . . Julisch Venetien, Belluno, Treviso,
Padova, Venedig (Friuli/Friaul);
Kuhmilch.

Morlàc . . . . Massiccio del Grappa
(Veneto/Venetien); Kuhmilch;
Reifezeit: 2 Monate.

Morlacco . . . . Massiccio del Grappa
(Veneto/Venetien); Kuhmilch;
Reifezeit: 2 Monate.

mozzarella . . . . ursprünglich italienischer
Weichkäse aus Kuh- oder
Büffelmilch

mozzarella affumicata . . . . ein fester, in Fässern über
verschiedenen Hölzern
geräucherter Mozzarella in
größeren Kugeln

mozzarella di bufala . . . . . . Mozzarella aus Büffelmilch

75

Mozzarella di
bufala campana DOP .... (Kampanien, Apulien, Latium);
Büffelmilch; Frischkäse.

Murazzano .... Bastia Mondovì, Ceva,
Castelnuovo, Clavesana,
Montezemolo, Priero,
Sale San Giovanni (Piemonte);
Kuh-, Schafs- und Ziegenmilch;
Frischkäse.

N

Nostrano d'alpe.......... Valle Antigorio, Valle Diveria,
Media Ossola, Valle Vigezzo
(Piemonte); Kuhmagermilch
mit etwas Ziegenmilch;
Reifezeit: 6–12 Monate.

Nostrano de Casèl........ Primiero, Val di Fiemme,
Val di Cembra, Valfloriana,
Pinè, Val dei Mocheni,
Borgo Valsugana
(Trentino Alto Adige/Südtirol);
Kuhmilch; Reifezeit: 1 Jahr.

Nostrano di latteria....... Media Ossola, Valle Vigezzo;
Kuhmilch; Reifezeit: 70 Tage.

Nostrano di malga .... Belluno (Veneto/Venetien),
Alpen und Voralpen
(Trentino Alto Adige/Südtirol)
Kuhmilch; Reifezeit: 5 Monate.

Nostrano prealpino....... Val Belluna, Padova
(Veneto/Venetien); Kuhmilch;
Reifezeit: 3–24 Monate.

Nostrano semigrasso ..... Valle di Sole (Trentino -
Alto Adige/Südtirol); Kuhmilch;
Reifezeit: 18 Monate.

Nostrano valchiese .... Valle delle Chiese
(Trentino Alto Adige/Südtirol);
Kuhmagermilch;
Reifezeit: 2 Jahre.

P

Paglierina di Rifreddo..... Provinz Cuneo (Piemonte);
Kuhvollmilch;
Reifezeit: 20 Tage.

Palermitano .... Palermo, Trapani, Godrano, Cinisi
(Sicilia/Sizilien); Kuhmilch;
Reifezeit: 3–12 Monate.

Pampanella .... Aquila, Castelnuovo di San Pio
(Abruzzo); Ziegenmilch;
Frischkäse.

Pannarello............. Treviso, Pordenone
(Veneto/Venetien);
Kuhvollmilch und Sahne;
Frischkäse.

Parmigiano reggiano DOP . Parma, Reggio Emilia,
Modena, Bologna, Mantova
(Emilia-Romagna); Kuhmagermilch;
Reifezeit: 12–36 Monate.

Pecorino abruzzese....... (Abruzzo); Schafsmilch;
Reifezeit: 1–12 Monate.

Pecorino bacellone .... (Toscana); Schafsmilch; Frischkäse.

Pecorino brindisino ...... Brindisi (Puglia/Apulien);
Schafsmilch; 2–10 Monate.

Pecorino campano .... (Campania/Kampanien);
Schafsmilch;
Reifezeit: 3–12 Monate.

Pecorino con pepe .... Crotonese (Calabria/Kalabrien);
Schafs- und Ziegenmilch;
Reifezeit: 24 Monate.

Pecorino dei
  Monti Sibillini .... Amandola, Comunanza,
Ascoli Piceno, Sarnano, Visso,
Ussita, (Marche/Marken);
Schafsmilch; Reifezeit: 2 Jahre.

Pecorino del Matese ..... Campitello Matese (Molise);
Schafs- und Ziegenmilch;
Reifezeit: 3–12 Monate.

Pecorino del Monte Poro .. Vibo Valentia (Calabria/Kalabrien);
Schafs- und Ziegenmilch;
Reifezeit: 24 Monate.

Pecorino del pastore
  e della Tuscia .... Rieti, Frosinone, Latina
(Lazio/Latium); Schafsmilch;
Reifezeit: 4–5 Monate.

Pecorino di Capracotta .... Capracotta, Agnone, Carovilli,
Vastogirardi, San Pietro Avellana,
Pescopennataro (Molise);
Schafsmilch;
Reifezeit: 3–24 Monate.

Pecorino di Crotone ...... Crotone (Calabria/Kalabrien);
Schafsmilch; Reifezeit: 24 Monate.

Pecorino di montagna..... Amiata, Pratomagno, Colline
Metallifere, Mugello (Toscana);
Schafsmilch; Reifezeit: 1–4 Monate.

Pecorino di montagna..... (Marche/Marken); Schafsmilch;
Reifezeit: 20 Tage.

Pecorino di Norcia
  del pastore .... Norcia, Cascia, Preci, Poggiodomo
(Umbria); Kuhmilch;
Reifezeit: 4–6 Monate.

Pecorino di Vergato....... Vergato (Emilia-Romagna);
Schafsmilch; Reifezeit: 12 Monate.

Pecorino di Vezzano ...... Serra San Bruno
(Calabria/Kalabrien); Schafsmilch;
Reifezeit: 6–12 Monate.

77

Pecorino fresco di Pienza . . Pienza, Siena, Radicofani, Montepulciano, Montalcino, Trequanda, San Giovanni d'Asso, Torrita di Siena, Castiglion d'Orcia (Toscana); Schafsmilch; Reifezeit: 40–60 Tage.

Pecorino leccese . . . . Lecce (Puglia/Apulien); Schafs- und Ziegenmilch; 3–6 Monate.

Pecorino romano DOP . . . . (Lazio/Latium) + (Sardinien), Grosseto (Toscana); Schafsmilch; Reifezeit: 5 Monate.

Pecorino senese . . . . Siena und Umgebung (Toscana); Schafsmilch; Reifezeit: 1–2 Monate.

Pecorino siciliano DOP . . . . (Sicilia/Sizilien); Schafsmilch; Reifezeit: mindestens 4 Monate.

Pecorino stagionato
di Pienza . . . . Pienza, Siena, Montepulciano, San Quirico d Orcia, Radicofani, Torrita di Siena, San Giovanni d'Asso, Castiglion d'Orcia, Trequanda, Montalcino (Toscana); Schafsmilch; Reifezeit: 2–3 Monate.

Pecorino toscano
da Serbo . . . . Maremma, Grosseto, Siena, Pisa (Toscana); Schafsmilch; Reifezeit: 3–6 Monate.

Pecorino toscano DOP . . . . (Toscana); Schafsmilch; Reifezeit: 1–6 Monate.

Peretta. . . . . Berchidda, Porfugas (Sardegna/Sardinien); Kuhmilch; Reifezeit: 2–7 Tage.

Piacentinu. . . . . Enna (Sicilia/Sizilien); Schafsmilch; Reifezeit: 4–6 Monate.

Piave . . . . Cesiomaggiore (Veneto/Venetien); Kuhmagermilch; Reifezeit: 3–15 Monate.

Pierino . . . . Entracque (Piemonte); Kuhvollmilch; Frischkäse.

Pressato. . . . . Val Belluna (Veneto/Venetien); Kuhmilch; Reifezeit: 2 Monate.

Primo sale . . . . Piacenza (Emilia-Romagna); Kuh- und Ziegenmilch; Frischkäse.

Primusali. . . . . (Sicilia/Sizilien); Schafs- und Kuhmilch; Reifezeit: 1–2 Wochen.

Provola affumicata . . . . (Campania/Kampanien); Büffelmilch; Reifezeit: 3–5 Monate.

Provola Capizzi . . . . Capizzi, Nicosia (Sicilia/Sizilien); Kuhmilch; Reifezeit: 10 Monate.

Provola dei Nebrodi . . . . . . Capizzi, Messina, Cerami, Nicosia, Enna (Sicilia/Sizilien); Kuhmilch; Reifezeit: einige Tage.

Provola delle Madonie .... Monti delle Madonie
(Sicilia/Sizilien); Kuhmilch;
Reifezeit: 10–15 Tage.
Provola ragusana......... Ragusa, Noto, Siracusa,
Palazzolo Acreide, Rosolini,
(Sicilia/Sizilien); Kuhmilch;
Frischkäse.
Provolone .... Arborea, Santa Maria la Palma,
Bortigali (Sardegna/Sardinien);
Kuhmilch; Reifezeit: 3–6 Monate.
Provula Casale Floresta ... Messina, Floresta (Sicilia/Sizilien);
Kuhmilch; Reifezeit: 6–12 Monate.
Puzzone di Moena .... Moena, Campitello di Fassa
(Trentino Alto Adige/Südtirol);
Kuhvollmilch; Reifezeit: 1 Jahr.

Q - R

quark (formaggio molle
di gusto dolce-acidulo) .. Quark
Quartirolo lombardo DOP . Milano, Pavia. Lodi,
Melegnano, Casalpusterlengo,
Codogno, Melzo, Abbiategrasso
(Lombardia); Kuhvollmilch;
Frischkäse.
Ragusano DOP........... Ragusa, Siracusa (Sicilia/Sizilien);
Kuhmilch; Reifezeit: 1 Woche
bis 4 Monate.
Raschera DOP.......... Cuneo (Piemonte); Kuhmilch;
Reifezeit: 1–2 Monate.
Raviggiolo di pecora ..... (Toscana); Schafsmilch; Frischkäse.
Renàz .... Tambre, Piana del Cansiglio
(Veneto/Venetien); Kuhmilch;
Reifezeit: 1 Monat.
ricotta (formaggio fresco
di siero di latte) .... Frischkäse aus Schafs- oder
Kuhmilchmolke, nahezu fettfrei
ricotta affumicata....... geräucherter Ricotta
Ricotta affumicata ...... (Calabria/Kalabrien); Kuh- und
Ziegenmilch; Reifezeit: 1 Monat.
Ricotta contadina
affumicata .... Sappada (Veneto/Venetien);
Kuhmilch; Reifezeit: 1 Monat.
Ricotta di bufala .... Caserta, Napoli, Salerno
(Campania/Kampanien);
Büffelmilch; Frischkäse.
Ricotta di capra......... Val Nure, Val Luretta
(Emilia-Romagna); Kuh- und
Ziegenmilch; Frischkäse.
ricotta di pecora .... Schafs-Ricotta
Ricotta dura salata .... (Basilicata); Kuhmilch;
Reifezeit: 2–12 Monate.

Ricotta frisca di piecura . . . Vizzani, Monterosso Alma, Bivona San Fratello (Sicilia/Sizilien); Schafs- und Kuhmilch; Frischkäse.

Ricotta genuina romana . . . (Lazio/Latium); Schafsmilch; Frischkäse.

Ricotta infornata. . . . . (Sicilia/Sizilien); Kuh-, Schafs- und Ziegenmilch; Frischkäse.

Ricotta salata di Norcia. . . . Val Nerina, Norcia, Cascia, Preci, Poggiodomo, Monteleone di Spoleto (Umbria); Kuh- und Ziegenmilch; Reifezeit: 12 Monate.

Ricotta salata. . . . . (Sardegna/Sardinien); Kuhmilch; Reifezeit: 20–30 Tage.

Robiola Alta Langa . . . . Alta Langa, Peveragno (Piemonte); Kuh- und Ziegenmilch.

Robiola di
 Roccaverano DOP . . . . . . Roccaverano, Acqui Terme (Piemonte); Kuh- und Ziegenmilch; Reifezeit: 20 Tage.

S

Salva . . . . Moscazzano, Crema, Soncino (Lombardia); Kuhmilch; Reifezeit: 2–24 Monate.

Sbrinz . . . . (Lombardia); Kuhmagermilch; Reifezeit: 12–24 Monate.

Scacciata . . . . Messina (Sicilia/Sizilien); Kuhmilch; Frischkäse.

Scacione . . . . Agro Pontino (Lazio/Latium); Kuhmilch; Frischkäse.

Scamorza molisana. . . . . . . (Molise); Kuh- und Schafsmilch; Reifezeit: 15 Tage.

Scamorza passita . . . . Piano delle Cinque Miglia (Abruzzo); Kuhmilch; Frischkäse.

Scamorza . . . . (Basilicata); Kuh- und Schafsmilch; Reifezeit: 15 Tage.

Schiz . . . . Belluno (Veneto/Venetien); Kuhmagermilch; Frischkäse.

Scimuda d'alpe . . . . Bormio, Livigno, Valtellina (Lombardia); Kuhmilch; Reifezeit: 18 Monate.

Scimudin. . . . . Valtellina (Lombardia); Kuh-und Ziegenmilch; Reifezeit: 20–30 Tage.

Scuete Fumade . . . . Karnische Alpen (Friuli/Friaul); Kuhmagermilch; Reifezeit: 1 Monat.

Semicotto . . . . (Sardegna/Sardinien); Schafsmilch; Reifezeit: 2–12 Monate.

Semitenero loiano. . . . . Appennino Tosco-Emiliano
(Emilia-Romagna); Kuhvollmilch;
Frischkäse.

Silter DOP. . . . . Val Camonica,
Saviore dell'Adamello,
Ponte di Legno (Lombardia);
Kuhmilch; Reifezeit: 6–12 Monate.

Soera . . . . Ormea, Villaro, Cascine Albra
(Piemonte); Kuh- und Schafsmilch;
Reifezeit: 1–2 Monate.

Solandro di malga. . . . . . . Val di Sole, Val di Rabbi
(Trentino Alto Adige/Südtirol);
Kuhmagermilch;
Reifezeit: 12 Monate.

Solandro magro . . . . Val di Sole, Val di Rabbi
(Trentino Alto Adige/Südtirol);
Kuhmagermilch;
Reifezeit: 18–24 Monate.

soufflé di formaggio . . . . . . Käsesoufflé

Spalèm . . . . Como, Varese (Lombardia);
Kuhmagermilch;
Reifezeit: 6–24 Monate.

Spressa DOP . . . . Val del Chiese, Val Rendena
(Trentino Alto Adige/Südtirol);
Kuhmagermilch;
Reifezeit: 9–10 Monate.

Spretz Tzaorì. . . . . Moena, Campitello di Fassa
(Trentino Alto Adige/Südtirol);
Kuhvollmilch; Reifezeit: 12 Monate.

Squaquarone. . . . . Castel San Pietro (Emilia-Romagna)
Kuhvollmilch; Frischkäse.

Stracchino. . . . . Nesso (Lombardia); Kuhvollmilch;
Reifezeit: 20 Tage

Strachet. . . . . Val Camonica, Val Saviore,
Val Trompia (Lombardia);
Kuhmilch; Reifezeit: 2 Monate.

T

Taleggio DOP . . . . Bergamo, Brescia, Como,
Cremona, Milano, Pavia
(Lombardia); Kuhvollmilch;
Reifezeit: 25–50 Tage.

Toma del Maccagno . . . . . . Val del Cervo, Biellese (Piemonte);
Kuhmilch; Reifezeit: 1 Monat.

Toma della
Bassa Val d'Aosta . . . . (Valle d'Aosta); Kuhmilch;
Reifezeit: 3–8 Monate.

Toma della Valle di Susa . . . Val di Susa (Piemonte); Kuhmilch;
Reifezeit: 3 Monate.

Toma della Valle Stura . . . . Valle Stura (Piemonte);
Kuh- und Ziegenmilch.

Toma di Balme . . . . Balme, Camba, Turin (Piemonte); Kuhmilch; Reifezeit: 3 Monate.

Toma di Lanzo . . . . Valle di Lanzo, Valle Grande, Valle di Ala (Piemonte); Kuhmilch; Reifezeit: 3 Monate.

Toma di Pragelato . . . . Val Chiosone (Piemonte); Kuhmilch; Reifezeit: 3 Monate.

Tomini del Talucco . . . . Pinerolo (Piemonte); Kuh- und Ziegenmilch; Frischkäse.

Tomino di Andrate . . . . Andrate, Cavanese (Piemonte); Kuhvollmilch; Reifezeit: 10 Tage.

Tomino di Bosconero . . . . . Bosconero und Umgebung (Piemonte); Kuhvollmilch.

Tomino di Sordevolo . . . . . . Sordevolo (Piemonte); Kuhvollmilch; Frischkäse.

Tomino montoso . . . . Bagnolo Piemontese (Piemonte); Kuhvollmilch; Frischkäse.

Torta . . . . (Lombardia); Kuhvollmilch; Frischkäse.

Toscanello . . . . (Toscana); Kuh- und Schafsmilch; Reifezeit: 2–4 Monate.

Tosèla . . . . Valle di Primiero, Val Sugana, Val di Tesino, Massiccio del Lagorai (Trentino Alto Adige/Südtirol); Kuhvollmilch; Frischkäse.

Treccia dei Cerviati
  e Certaurino . . . . Sanza (Campania/Kampanien); Kuhmilch; Frischkäse.

Tuma . . . . Tripi, Santa Croce Camerina, Bivona, Troina (Sicilia/Sizilien); Kuhmilch; Frischkäse.

V

Val Brandet . . . . Edolo, Passo dell'Aprica (Lombardia); Kuh- und Schafsmilch; Reifezeit: 1–2 Monate.

Val Brandet . . . . Trento (Trentino Alto Adige) Kuhmilch; Reifezeit: 2 Jahre.

Valle Brembana caprino . . . Valasassina, Intelvi e Montevecchia (Lombardia); Kuh- Schafs- und Ziegenmilch. Reifezeit: 6–8 Monate.

Vastedda della
  Valle del Belice . . . . Gibellina, Poggioreale, Salaparuta, Santa Ninfa, Castelvetrano, Campobello di Mazara, Calatafina, Trapani, Agrigento (Sicilia/Sizilien); Schafsmilch; Frischkäse.

Vezzena . . . . Altopiano di Lavarone, Passo Vezzena und Folgaria (Trentino Alto Adige/Südtirol); Kuhmilch; Reifezeit: 2 Jahre.

Frutta = *Obst*

A

agrumi . . . . Zitrusfrüchte
albicocca, albicocche . . . . Aprikose, Aprikosen
amarene . . . . Sauerkirschen
ananas . . . . Ananas
ananas sciroppato . . . . eingemachte Ananas
anguria (= cocomero) . . . . Wassermelone
arachidi . . . . Erdnüsse
arancia, arance . . . . Orange, Orangen
avocado . . . . Avocado

B - C

banana . . . . Banane
caco, cachi . . . . Kaki
castagne . . . . Kastanien
cedro . . . . Zitronatzitrone
cesto di frutta . . . . Früchtekorb
ciliege . . . . Kirschen
clementine . . . . Clementinen
cocomero (= anguria) . . . . Wassermelone
composta di frutta . . . . Kompott

D - F

datteri . . . . Datteln
datteri secchi . . . . getrocknete Datteln
fichi . . . . Feigen
fichi d'India . . . . Kaktusfeigen
fichi secchi . . . . getrocknete Feigen
fragole . . . . Erdbeeren
fragole di bosco . . . . Walderdbeeren
frutta . . . . Obst, Früchte
frutta candita . . . . kandierte Früchte
frutta caramellata . . . . glasierte Früchte
frutta cotta . . . . Kompott
frutta di stagione . . . . Obst der Saison
frutta fresca . . . . frisches Obst
frutta in gelatina . . . . Früchte in Gelee
frutta mista . . . . Mischobst
frutta primizia . . . . Frühobst
frutta sciroppata . . . . eingemachtes Obst
frutta secca . . . . Dörrobst
frutti di bosco . . . . Waldbeeren
frutto della passione . . . . Passionsfrucht

G - K

giuggiole . . . . Brustbeeren
granadilla . . . . Passionsfrucht
kiwi . . . . Kiwi
kumquats (= mandarini cinesi) . . Kumquats
(chinesische Mandarinen)

L - M

lamponi . . . . Himbeeren
licci . . . . Lychees
lime (limetta) . . . . Limone, Limette
limone . . . . Zitrone
macedonia . . . . Obstsalat
mandarino . . . . Mandarine
mandorle . . . . Mandeln
mango . . . . Mango
maracuja . . . . Passionsfrucht
marasche . . . . Sauer–, Weichselkirschen
marroni . . . . Esskastanien, Maronen
mela . . . . Apfel
mela cotta . . . . Apfelkompott
melagrana . . . . Granatapfel
mele cotogne . . . . Quitten
melone . . . . Honigmelone
melone al limone . . . . Honigmelone mit Zitrone
melone invernale . . . . Wintermelone
mirtilli . . . . Heidelbeeren
mirtilli rossi . . . . Preiselbeeren
more . . . . Brombeeren
more di gelso . . . . Maulbeeren
more di rovo . . . . Brombeeren

N - P

nespole . . . . Mispeln
nettarina (= pesca noce) . . . . Nektarine
noci . . . . Walnüsse
nocciole . . . . Haselnüsse
noccioline americane
(= arachidi) . . . . Erdnüsse
noce di cocco . . . . Kokosnuss
papaia . . . . Papaya
passiflora
(= frutto della passione) . . . . . . Passionsfrucht
pera . . . . Birne
pere sciroppate . . . . eingemachte Birnen
pesca, pesche . . . . Pfirsich, Pfirsiche
pesche bianche . . . . weiße Pfirsiche

pesche cotte al vino rosso	in Rotwein gedünstete Pfirsiche
pesche noci	Nektarinen
pesche sciroppate	eingemachte Pfirsiche
pistacchi	Pistazien
pompelmo	Grapefruit, Pampelmuse
prugna	Pflaume
prugne cotte	Pflaumenkompott
prugne secche	Dörrpflaumen
purè di mele	Apfelmus

R - S

ribes	Johannisbeeren
ribes bianchi	weiße Johannisbeeren
ribes neri	schwarze Johannisbeeren
ribes rossi	rote Johannisbeeren
susina (= prugna)	Pflaume

U

uva	Trauben
uva bianca	weiße Trauben
uva nera	blaue Trauben
uva passa	Rosinen
uva spina	Stachelbeeren
uva sultanina	Sultaninen
uvette	Rosinen

Dolci = Süßspeisen

A

affogato al caffè	Vanilleeis mit heißem Espresso
albume d'uovo	Eiweiß
amaretti	Mandelmakronen
anelli alle mandorle	Mandelringe
arance ripiene	gefüllte Orangen
aspic di fragole	Erdbeergelee

B

babà al rum (piccolo dolce lievitato a forma di fungo)	Rum-Baba (kleines Hefeteiggebäck in Pilzform)

baci di dama (pasticcini
di pasta frolla con mandorle) . . Damenküsse
(Mürbeteiggebäck
mit Mandeln)
barchette alla frutta . . . . Fruchtschiffchen
bastoncini al cioccolato . . . . Schokoladenstäbchen
bavarese (crema,
panna montata e gelatina) . . . . bayerische Creme (Creme,
Schlagsahne und Gelee)
bavarese al cioccolato . . . . bayerische Creme
mit Schokolade
bavarese alla vaniglia . . . . bayerische Creme mit Vanille
berlinesi . . . . Krapfen
biancomangiare
(budino di latte di mandorle) . . Mandelmilch-Pudding
bignè . . . . Windbeutel
bignè alla crema . . . . Windbeutel mit Vanillecreme
bignè allo zabaione . . . . Windbeutel mit
Zabaione (Eierlikör)
bignè con mousse di torrone . . . . Windbeutel mit
Torrone-Mousse
biscotti . . . . Kekse, Gebäck
biscotti al cucchiaio (= savoiardi) Löffelbiskuit
biscotti alla cannella . . . . Zimtplätzchen
biscotti alle ciliege . . . . Kirschplätzchen
biscotti alle mandorle . . . . Mandelplätzchen
biscotti croccanti . . . . Knusperplätzchen
biscotti da tè . . . . Teegebäck
biscotti di pasta frolla . . . . Mürbeteigplätzchen
biscotti integrali . . . . Vollkornkekse
biscotti natalizi . . . . Weihnachtsplätzchen
biscotti secchi . . . . Kekse, Gebäck
biscottini assortiti . . . . Gebäckmischung
biscotto arrotolato . . . . Biskuitrolle
biscotto ghiacciato . . . . gefrorener Biskuit
bocconcini al cioccolato . . . . Schokoladenplätzchen
bomba gelato
(gelato a forma di cono) . . . . . . Eisbombe (kegelförmiges Eis)
bombolone alla crema . . . . Krapfen mit Puddingfüllung
brioche . . . . Hörnchen, Brioche
brioche alla crema . . . . Hörnchen mit
Puddingfüllung
brioche alla marmellata . . . . Hörnchen mit
Marmeladenfüllung
budino . . . . Pudding
budino al cioccolato . . . . Schokoladenpudding
budino allo yoghurt . . . . Yoghurtpudding

budino caramellato alle pere . . . . Birnenpudding mit Karamel

budino di pane . . . . Brotpudding

budino di pesche . . . . Pfirsichpudding

budino di riso . . . . Reispudding

budino diplomatico
(con crema inglese,
frutta candita e savoiardi) . . . . . Diplomatenpudding
(aus englischer Creme,
kandierten Früchten
und Löffelbiskuits)

bugie . . . . frittiertes Karnevalsgebäck,
fein und mürbe

C

cacao . . . . Kakao

cacao amaro . . . . bitterer Kakao

cannoli siciliani
(con ricotta e canditi) . . . . sizilianische Waffelrollen
(mit Füllung aus Ricotta
und kandierten Früchten)

cannolo (o cannoncino) . . . . Schillerlocke
(kleines, kegelförmiges
Blätterteiggebäck mit
Cremefüllung)

cantuccini (biscotti secchi
con mandorle) . . . . Cantuccini (trockenes
Gebäck mit Mandeln)

caramelle . . . . Bonbons

caramelle al latte . . . . Milchbonbons

caramelle al miele . . . . Honigbonbons

caramelle alla frutta . . . . Fruchtbonbons

cassata (gelato a strati farcito
con frutta candita e panna) . . . Cassata (Schichteis mit
kandierten Früchten
und Sahne)

castagnaccio (dolce
di farina di castagne) . . . . Kuchen aus Kastanienmehl

castagnole . . . . kleine Krapfen

cenci (dolci di carnevale fritti,
sottili e friabili) . . . . frittiertes Karnevalsgebäck,
sehr fein und mürbe

cereali . . . . Zerealien (Müesli,
Getreide, Körner)

cestini di pasta frolla
con frutta secca . . . . Mürbeteig-Körbchen
mit Dörrobst

cestini di sfoglia alla frutta . . . . . Blätterteig-Körbchen
mit Früchten

charlotte (bavarese ricoperta
con savoiardi) . . . . Charlotte (Bayrische Creme
in Löffelbiskuithülle)

87

chiacchiere (= cenci) . . . . frittiertes Karnevalsgebäck;
                                    sehr fein und mürbe
cialda . . . . Waffel
cialde alla vaniglia . . . . Vanille-Waffeln
cialde all'uvetta . . . . Rosinen-Waffeln
ciambella . . . . Napfkuchen
ciambella alle mandorle . . . . Mandelnapfkuchen
cigni alla crema . . . . Schwäne aus Brandteig
                                    mit Creme
cioccolatini . . . . Pralinen
cioccolato (al latte, bianco,
   fondente, fuso) . . . . Schokolade (Vollmilch-
                                    schokolade, weiße
                                    Schokolade, Zartbitter-
                                    schokolade, Kuvertüre)
cofanetti di sfoglia con crema
   di cioccolato . . . . Blätterteigkörbchen
                                    mit Schokoladencreme
colomba di Pasqua
   (dolce lievitato) . . . . Friedens–, Ostertaube
                                    (Hefeteigkuchen)
composto di frutta . . . . Obstkompott
confetti (di cioccolato,
   di mandorle) . . . . Dragées
                                    (Schokoladendragées,
                                    Mandelkonfekt)
confettura (= marmellata) . . . . . . Konfettüre, Marmelade
coppa gelato . . . . Eisbecher
cornetto . . . . Hörnchen, Croissant
corona di Francoforte (farcita e
   ricoperta di crema di burro) . . . Frankfurter Kranz
                                    (mit Buttercreme gefüllt
                                    und überzogen)
corona di Natale . . . . Weihnachtskranz
crema . . . . Creme, Pudding
crema al cioccolato . . . . Schokoladencreme,
                                    Schokoladenpudding
crema al mascarpone . . . . Mascarpone-Creme
crema alla vaniglia . . . . Vanillecreme, Vanillepudding
crema bavarese . . . . Bavarese
crema bruciata . . . . gebrannte Creme
crema chantilly . . . . Schlagsahne
crema di burro . . . . Buttercreme
crema di burro al cioccolato . . . . Schokoladen-Buttercreme
crema di fragole . . . . Erdbeercreme,
                                    Erdbeerpudding
crema fritta . . . . gebackene Creme
crema gratinata con frutta . . . . . mit Früchten gratinierte Creme
crema inglese . . . . englische Creme

crema pasticcera . . . . Konditorcreme
crème caramel. . . . . Karamelpudding
crêpes suzette (cotte con
    succo d'arancia e liquore). . . . . Crêpes Suzette (mit Orangen-
                                        saft und Likör gebacken)
crespelle ai fichi. . . . . Crêpes mit Feigen
crespelle alla fiamma . . . . flambierte Crêpes
crespelle alla marmellata. . . . . . Crêpes mit Marmelade
crespelle alle pesche
    con salsa di ribes. . . . . Pfirsich-Crêpes
                                        mit Johannisbeersoße
crespelle di castagne
    in salsa d'arancia dolci . . . . . . Maronencrêpes
                                        in Orangensauce
croccante di mandorle. . . . . Mandelkrokant
croccante di nocciole. . . . . Haselnusskrokant
crocchette di castagne. . . . . Kastanienkroketten
crocchette di riso. . . . . Reiskroketten
crostata . . . . Mürbeteigkuchen
crostata di farina di castagne
    con salsa di mele. . . . . Kuchen aus Kastanienmehl
                                        mit Apfelsauce
crostata di frutta . . . . Obstkuchen
crostata di marmelata . . . . Mürbeteigkuchen
                                        mit Marmelade
crostata di mele . . . . Apfelkuchen
crostata tiepida di albicocche . . . warmer Aprikosenkuchen
crostatina al rabarbaro. . . . . kleiner Rhabarberkuchen
cubetti al caffè . . . . Mokkawürfel
cuori di cioccolato . . . . Schokoladenherzen

D

dadi al cacao . . . . Kakaowürfel
dolce . . . . Süßspeise, Torte, Dessert
dolce di farina e mais . . . . Weizen- und Maismehlkuchen
dolce di pasta lievitata. . . . . Hefekuchen
dolce dietetico . . . . Diät-Süßspeise
dolce ipocalorico . . . . kalorienarme Süßspeise
dolci al carrello . . . . Desserts vom Servierwagen
éclairs (bignè allungati). . . . . Èclairs (Windbeutel)
éclairs al caffè . . . . Èclairs mit Mokka-Füllung
essenza di rose. . . . . Rosenessenz

F

fagottini di albicocche . . . . Aprikosentaschen
fagottino alle mele. . . . . Apfeltasche
farina . . . . Mehl
farina di castagne . . . . Kastanienmehl

farina di grano duro. . . . . Hartweizenmehl
farina di grano saraceno . . . . Buchweizenmehl
farina di mais. . . . . Maismehl
farina di riso . . . . Reismehl
farina integrale . . . . Vollkornmehl
fecola di patate. . . . . Kartoffelstärke
fecola . . . . Stärkemehl
fetta di torta . . . . ein Stück Torte
fichi glassati con crema . . . . glasierte Feigen mit Creme
fiocchi di avena . . . . Haferflocken
fiocchi di cereali . . . . Getreideflocken
fragole con mousse
  di mascarpone . . . . Erdbeeren mit Mascarpone
frappe (= cenci) . . . . frittiertes Karnevalsgebäck;
                                         sehr fein und mürbe
frittelle. . . . . Beignets
frittelle di fichi
  con salsa di mirtilli. . . . . Feigen-Beignets
                                         mit Heidelbeersoße
frittelle di mele . . . . Apfel-Beignets
frittelle di miele. . . . . Honig-Beignets
frittelle di riso . . . . Reis-Beignets
frollini . . . . Mürbeteigplätzchen
frutta al forno . . . . Backobst
frutta alla fiamma . . . . flambierte Früchte
frutta candita. . . . . kandierte Früchte
frutta glassata . . . . glasierte Früchte
frutta secca . . . . Dörrobst
frutta . . . . Obst

G
galani (= cenci) . . . . frittiertes Karnevalsgebäck;
                                         sehr fein und mürbe
gelatina . . . . Gelee
gelatina al porto. . . . . Portweingelee
gelatina di frutta . . . . Früchtegelee
gelato . . . . Eiscreme
gelato al caffè. . . . . Mokkaeis
gelato al cioccolato . . . . Schokoladeneis
gelato al forno . . . . überbackenes Eis
gelato al limone . . . . Zitroneneis
gelato al pistacchio . . . . Pistazieneis
gelato al torrone. . . . . Torrone-Eis
gelato alla crema . . . . Sahneeis
gelato alla fragola. . . . . Erdbeereis
gelato alla frutta. . . . . Fruchteis
gelato alla nocciola . . . . Nusseis

gelato alla panna . . . . Sahneeis
gelato alla vaniglia . . . . Vanilleeis
gelato artigianale . . . . Eis aus eigener Herstellung
gelato dietetico . . . . Diäteis
gelato ipocalorico . . . . kalorienarmes Eis
gelato magro . . . . fettarmes Eis
gelato misto . . . . gemischtes Eis
ghirlanda di bignè . . . . Windbeutel-Girlande
gianduiotti (cioccolatini
   con crema di nocciole) . . . . Nougat-Pralinen
glassa al pistacchio . . . . Pistazienglasur
gnocchi di mele
   con salsa di vaniglia . . . . Apfelklößchen mit Vanillesoße
granita . . . . Wassereis
granita al limone . . . . Zitronen-Wassereis
granita alla menta . . . . Minze-Wassereis
gratin di frutti di bosco . . . . Waldbeeren-Gratin
gugelhupf o gugelhopf
   (dolce lievitato con uva passa,
   ricoperto di mandorle) . . . . Gugelhupf

I - K - L

impasto . . . . Teig
krapfen. . . . . Krapfen, Berliner Pfannkuchen
latte di mandorle . . . . Mandelmilch
latte di soia. . . . . Sojamilch
latte in polvere. . . . . Milchpulver
latticello (siero di latte acido) . . . Buttermilch
lecca-lecca . . . . Dauerlutscher
lievito. Hefe
lievito di birra . . . . Bierhefe
lingue di gatto . . . . Katzenzungen

M

mais soffiato . . . . Puffmais
maizena . . . . Maisstärke
marmellata . . . . Marmelade, Konfitüre
marmellata di albicocche . . . . . . Aprikosenmarmelade
marmellata di amarene . . . . Sauerkirschmarmelade
marmellata di arance. . . . . Orangenkonfitüre
marmellata di ciliege. . . . . Kirschmarmelade
marmellata di fragole . . . . Erdbeermarmelade
marmellata di lamponi . . . . Himbeermarmelade
marmellata di pesche . . . . Pfirsichmarmelade
marmellata di prugne . . . . Pflaumenmarmelade
marroni glassati. . . . . glasierte Maronen
marzapane . . . . Marzipan

mascarpone . . . . Mascarpone
(sahniger Frischkäse)
medaglioni allo zenzero . . . . Ingwermedaillons
mele al forno . . . . Bratäpfel
mele fritte . . . . Bratäpfel
mele in crosta . . . . Äpfel im Schlafrock
meringa . . . . Baiser (Schaumgebäck)
meringa con gelato . . . . Baiser mit Eis
meringa con panna . . . . Baiser mit Schlagsahne
meringhe rosa . . . . rosa Baiser
mezzelune . . . . Halbmonde
mezzelune farcite con datteri . . . Halbmonde mit Dattelfüllung
miele . . . . Honig
miele di acacia . . . . Akazienhonig
miele di arancio . . . . Orangenblütenhonig
miele di castagno . . . . Kastanienblütenhonig
miele di montagna . . . . Gebirgshonig
miele di rosmarino . . . . Rosmarinhonig
miele di tiglio . . . . Lindenblütenhonig
miele di timo . . . . Thymianhonig
miele millefiori . . . . Blütenhonig
millefoglie . . . . Cremeschnitte
millefoglie al cioccolato . . . . Schokoladen-Cremeschnitte
Monte Bianco (purè di castagne
con panna montata) . . . . Kastanienmus mit Sahne
mosaico di frutta in aspic . . . . . . Früchtemosaik in Gelee
mousse . . . . Mousse
mousse di cioccolato . . . . Schokoladen-Mousse
mousse di fragole . . . . Erdbeer-Mousse
mousse di pere
con salsa al cioccolato . . . . Birnen-Mousse
mit Schokoladensoße

N - O

nidi di marroni . . . . Maronennester
omelette alla marmellata . . . . Omelett mit Konfitüre
omelette all'arancia . . . . Orangen-Omelett
omelette dolce . . . . süßes Omelett
omelette soffiata . . . . Soufflé-Omelett
omelette surprise
(gelato ricoperto
di meringa e gratinato) . . . . Omelette Surprise (Eis mit
Baiserüberzug, überbacken)

P

palle di ricotta fritte . . . . frittierte Ricotta-Bällchen
pallina di gelato . . . . eine Kugel Eis
palline di caffè . . . . Mokka-Bällchen

pan di spagna . . . . Biskuitkuchen
pan di spezie . . . . Gewürzkuchen
pancakes (crespelle lievitate) . . . Pancakes (Hefe-Crêpes)
pandoro (dolce
   natalizio lievitato) . . . . Pandoro
                       (Weihnachtshefekuchen)
pane dolce . . . . süßes Brot
panettone (dolce
   natalizio lievitato
   con frutta secca e canditi) . . . . Panettone (Weihnachtskuchen
                       aus Hefeteig mit Rosinen
                       und kandierten Früchten)
panettone farcito con crema . . . . mit Creme gefüllter
                       Panettone
panforte (dolce di
   frutta secca e canditi) . . . . Panforte (Kuchen mit
                       getrockneten und
                       kandierten Früchten)
pangrattato . . . . Semmelbrösel
panna . . . . Sahne
panna acida . . . . saure Sahne
panna cotta . . . . Sahnepudding
panna montata . . . . Schlagsahne
pappa reale . . . . Gelee Royal
parfait . . . . Eisparfait
parfait al caffè . . . . Mokka-Eisparfait
pasta brisé . . . . Mürbeteig (ohne Zucker
                       und ohne Eier)
pasta choux . . . . Brandteig
pasta di mandorle . . . . Mandelpaste
pasta di nocciole . . . . Haselnusspaste
pasta frolla . . . . Mürbeteig
pasta lievitata . . . . Hefeteig
pasta per pane . . . . Brotteig
pasta sfoglia . . . . Blätterteig
paste fresche . . . . frisches Gebäck
pastella . . . . Tropfteig
pasticcini assortiti . . . . Gebäckmischung
pasticcini da tè . . . . Teegebäck
pasticcini di pasta di mandorle . . Mandelgebäck
pasticcini di zucchero . . . . Zuckerplätzchen
pasticcino . . . . Feingebäck
pasticcio di mele
   con crema di nocciole . . . . Apfelpastete mit Nusscreme
pastiera (torta di chicchi di grano
   con ricotta e frutta candita) . . . Vollkorn-Kuchen mit Ricotta
                       und kandierten Früchten

pera bella Elena (con gelato
di vaniglia, panna montata
e salsa al cioccolato) . . . . Birne Hélène (mit Vanilleeis
Sahne und Schokoladensauce)
pere al cioccolato caldo . . . . Birnen mit heißer
Schokoladensoße
pere al vino rosso. . . . . Birnen in Rotwein
pesca Melba (con gelato
vaniglia e salsa ai lamponi). . . . Pfirsich Melba (mit Vanilleeis
und Himbeersoße)
petits fours. . . . . Petits fours
piccola pasticceria . . . . Kleingebäck
pinoli . . . . Pinienkerne
plum-cake . . . . Plumcake
polline . . . . Pollen
polvere di cacao. . . . . Kakaopulver
polvere di caffè . . . . Kaffeepulver
prâlines . . . . Pralinen
profiteroles . . . . kleine Windbeutel aus
zuckerlosem Brandteig
purè di mele. . . . . Apfelmus

R

riso al latte . . . . Milchreis
riso all'imperatrice (budino
di riso con frutta candita). . . . . Reispudding mit
kandierten Früchten
riso soffiato . . . . Puffreis
rollatina di ricotta . . . . Ricotta-Röllchen
rollini al limone. . . . . Zitronen-Röllchen
rose di zucchero . . . . Zuckerrosen
rotolo alla crema . . . . Creme-Rolle

S

salame di cioccolato . . . . Schokoladensalami
salsa . . . . Soße
salsa ai lamponi . . . . Himbeersoße
salsa al cioccolato . . . . Schokoladensoße
salsa alla frutta. . . . . Früchtesoße
savoiardi. . . . . Löffelbiskuit
sciroppo di zucchero . . . . Zuckersirup
scorza di limone . . . . Zitronenschale
semi di papavero . . . . Mohn
semi di sesamo . . . . Sesamkörner
semi di zucca. . . . . Kürbiskerne
semifreddo. . . . . Eiscreme
semola di grano duro. . . . . Hartweizengrieß
semolino . . . . Grieß

siero di latte . . . . Molke
stecca di vaniglia . . . . Vanilleschote
stinchi dei morti . . . . trockenes Gebäck mit Anis,
                                      üblich zu Allerheiligen
                                      (wörtl.: Totengebeine)
strutto . . . . Schmalz

T

tartufo bianco . . . . Vanille-Eiscreme
tartufo nero . . . . Mokka- oder Schokoladen-
                                      Eiscreme
tatin (crostata calda di mele
  coperta di caramello
  e guarnita con panna) . . . . Tatin-Mürbekuchen
                                      (warmer Apfelmürbekuchen
                                      mit Karamel überzogen und
                                      mit Schlagsahne garniert)
tiramisù . . . . Tiramisù (Mascarpone,
                                      Löffelbiskuit, Espresso)
torrone . . . . Süßigkeit aus Zucker, Honig,
                                      Nüssen oder Mandeln in
                                      Barrenform
torta di carote . . . . Karottenkuchen
tuorlo d'uovo . . . . Eigelb
uva passa di Corinto . . . . Korinthen

U - V

uovo di cioccolato
  farcito al caffè . . . . mit Kaffee gefülltes
                                      Schokoladenei
uva passa . . . . Rosinen
uva sultanina . . . . Sultaninen
uvette . . . . Rosinen
vaniglia . . . . Vanille
vanillina . . . . Vanillin, Vanillezucker

Y - Z

yogurt . . . . Joghurt
yogurt al naturale . . . . weißer Joghurt
yogurt alla frutta . . . . Früchtejoghurt
yogurt magro . . . . Magerjoghurt
zabaione . . . . Eierlikör
zollette di zucchero . . . . Würfelzucker
zucchero . . . . Zucker
zucchero a velo . . . . Puderzucker
zucchero di canna . . . . Rohrzucker
zucchero dietetico . . . . Diätzucker
zuppa inglese . . . . Vanillepudding, Eischnee,
                                      Löffelbiskuit

Bevande = Getränke

A

acqua	Wasser
acqua minerale gassata	Mineralwasser mit Kohlensäure
acqua minerale naturale	Mineralwasser ohne Kohlensäure
acqua potabile	Trinkwasser
acqua tonica	Tonic Water
acquavite	Schnaps
alcol	Alkohol
amaretto	Mandellikör
amaro (liquore)	Magenbitter
analcolico	alkoholfrei
anisetta	Anislikör
aperitivo	Aperitif
aperitivo analcolico	alkoholfreier Aperitif
aranciata	Orangenlimonade

B

bevanda analcolica	alkoholfreies Getränk
bibita	alkoholfreies Getränk
bibita alla spina	Getränk vom Faß
birra	Bier
birra al doppio malto	Doppelbock
birra alla spina	Fassbier
birra analcolica	alkoholfreies Bier
birra chiara	helles Bier
birra in bottiglia	Flaschenbier
birra leggera	alkoholarmes Bier
birra nazionale	inländisches Bier
birra rossa	rotes Bier, Doppelmalzbier
birra scura	schwarzbraunes, hopfenbitteres Bier (Guinness)
brandy	Weinbrand

C

cacao	Kakao
caffè	Kaffee (Espresso)
caffè americano	Filterkaffee, manchmal auch ein mit Wasser verlängerter Espresso

caffè con latte . . . . Espresso mit Milch
caffè con panna . . . . Espresso mit Sahne
caffè corretto . . . . Espresso mit Schuss (Grappa,
Weinbrand oder Fernet)
caffè corto . . . . Espresso mit halber
Wassermenge
caffè decaffeinato . . . . koffeinfreier Espresso
caffè doppio . . . . doppelter Espresso
caffè d'orzo . . . . Malzkaffee
caffè filtro . . . . Filterkaffee
caffè freddo . . . . kalter Kaffee
caffè lungo . . . . Espresso mit doppelter
Wassermenge
caffè mischio . . . . Mischung aus Kaffee
und Kakao mit Schlagsahne
caffè nero . . . . schwarzer Kaffee
caffè ristretto . . . . starker Espresso
caffè shakerato . . . . Espresso mit Eiswürfeln
im Cocktailmixer zerkleinert
und geschüttelt
camomilla . . . . Kamillentee
Campari . . . . Campari (roter Kräuterlikör
mit bittersüßem Geschmack)
cappuccino . . . . Cappuccino (Espresso mit
aufgeschäumter Milch)
cappuccino con panna . . . . Cappuccino mit Schlagsahne
statt aufgeschäumter Milch
cedrata . . . . Cedrolimonengetränk
chinotto . . . . Bitterorangengetränk
cioccolata . . . . Kakao
cioccolata densa . . . . dickflüssiger Kakao
cocktail . . . . Cocktail
cognac . . . . Cognac

D - E

digestivo . . . . Digestif (Verdauungslikör)
distillato . . . . Schnaps
distillato di canna da zucchero . . Branntwein aus Zuckerrohr
distillato di cereali . . . . Kornbranntwein
distillato di frutta . . . . Obstbranntwein
distillato di mele . . . . Apfelkorn
distillato di pere . . . . Birnenkorn
distillato di vinaccia . . . . Tresterbranntwein
distillato di vino . . . . Weinbrand
espresso (= caffè) . . . . starker Kaffee (bei dem das
Wasser unter hohem Druck
durch das sehr fein gemahlene
Kaffeemehl gepresst wird)

97

F

Fernet Branca	Fernet Branca (Magenbitter)
frappè	Milkshake
frappè al cioccolato	Schokoladen-Milkshake
frappè con gelato	Eis-Milkshake
frappè con gelato al caffè	Mokkaeis-Milkshake
frullato (con frutta)	Frucht-Milkshake
frullato alla banana	Bananen-Milkshake

G - I

gassosa	Limonade
ghiaccio	Eis
gin	Gin
grappa	Traubentresterbrandwein
infuso	Tee
infuso di erbe	Kräutertee
infuso di fiori d'arancio	Orangenblütentee
infuso di frutta	Früchtetee
infuso di melissa	Melissentee
infuso di menta	Pfefferminztee
infuso di rosa canina	Wildrosentee, Hundsrosentee
infuso di tiglio	Lindenblütentee
infuso di verbena	Eisenkrauttee
infuso d'ibisco (carcadè)	Hibiskustee

K - L

kirsch (distillato di ciliege marasche)	Kirsch (Sauerkirschendestillat)
latte	Milch
latte a lunga conservazione	H-Milch
latte bollente	heiße Milch
latte caldo	warme Milch
latte condensato	Kondensmilch
latte di soia	Sojamilch
latte freddo	kalte Milch
latte fresco	Frischmilch
latte intero	Vollmilch
latte macchiato	aufgeschäumte, warme Milch mit einem Espresso
latte magro	Magermilch
latte pastorizzato	pasteurisierte Milch
latte scremato	fettarme Milch
limonata	Limonade
liquore	Likör
liquore alla pesca	Pfirsichlikör
liquore all'arancia	Orangenlikör

liquore alle erbe . . . . Kräuterlikör
liquore dolce . . . . süßer Likör

M

madera (vino liquoroso) . . . . Madeira (Likörwein)
maraschino (liquore dolce
  di ciliege marasche) . . . . Maraschino (süßer Likör
                        aus Maraschino-Kirschen)
marsala (vino liquoroso
  siciliano) . . . . Marsala (sizilianischer
                        Likörwein)
mosto . . . . Most

N - O - P

nocino (liquore di noci verdi) . . . Likör aus grünen Walnüssen
orzata . . . . Malzmilch
porto . . . . Portwein

R - S

rum (distillato di canna
  da zucchero) . . . . Rum (Destillat aus
                        Zuckerrohr)
sangria . . . . Sangria (Wein, Fruchtsaft,
                        Spirituosen, Fruchtstücke)
sciroppo . . . . Sirup
sciroppo di amarena . . . . Sauerkirschsirup
sciroppo di fragola . . . . Erdbeersirup
sciroppo di frutta . . . . Fruchtsirup
sciroppo di granatina . . . . Granatapfelsirup
sciroppo di lampone . . . . Himbeersirup
sciroppo di menta . . . . Pfefferminzsirup
sciroppo di orzata . . . . Malzmilchsirup
sherry . . . . Sherry
sidro (vino di mele) . . . . Apfelwein (Cidre)
soda . . . . Soda
spremuta d'arancia . . . . Frischgepreßter Orangensaft
spremuta di limone . . . . frischgepreßter Zitronensaft
spremuta di pompelmo . . . . frischgepreßter Grapefruitsaft
spumante . . . . Sekt
spumante dolce . . . . süßer Sekt
spumante secco . . . . trockener Sekt
succo . . . . Saft
succo d'albicocca . . . . Aprikosensaft
succo di ananas . . . . Ananassaft
succo d'arancia . . . . Orangensaft
succo di frutta . . . . Fruchtsaft
succo di limone . . . . Zitronensaft
succo di mela . . . . Apfelsaft

succo di pera . . . . Birnensaft
succo di pomodoro . . . . Tomatensaft
succo di pompelmo . . . . Grapefruitsaft
succo di uva. . . . . Traubensaft
succo di verdura . . . . Gemüsesaft
succo fresco di carota . . . . frischer Karottensaft
succo fresco di mele . . . . frischer Apfelsaft
succo tropicale. . . . . Tropenfruchtsaft

T
tè . . . . Tee
tè ai lamponi . . . . Himbeertee
tè al bergamotto (Earl Grey) . . . . Bergamotte-Tee (Earl Grey)
tè alla liquirizia . . . . Lakritztee
tè alla mela. . . . . Apfeltee
tè alla menta . . . . Pfefferminztee
tè alla pesca . . . . Pfirsichtee
tè all'arancia . . . . Orangentee
tè con latte. . . . . Tee mit Milch
tè con limone. . . . . Tee mit Zitrone
tè freddo. . . . . Eistee
tè nero . . . . schwarzer Tee
tè verde . . . . grüner Tee

V - W
vin brulé. . . . . Glühwein
vin santo . . . . Likörwein
vino . . . . Wein
vino al bicchiere . . . . Schoppenwein
vino bianco . . . . Weißwein
vino da aperitivo . . . . Aperitifwein
vino da dessert. . . . . Dessertwein
vino frizzante. . . . . Perlwein
vino in bottiglia . . . . Flaschenwein
vino in caraffa . . . . Wein in der Karaffe
vino liquoroso . . . . Likörwein
vino novello. . . . . Primeur (junger Wein)
vino passito . . . . Trockenbeerenwein
vino rosato (rosé). . . . . Rosé
vino rosso. . . . . Rotwein
vino sfuso. . . . . offener Wein
vodka . . . . Wodka
whisky . . . . Whisky

Vino = Wein

Liste der IGT und DOCG
deklarierten italienischen Weine
und ihrer Herkunft.

vino da tavola . . . . Tafelwein (in diesem
Glossar nicht gelistet)

IGT (Indicazione
Geografica Tipica) . . . . Unter dieser Deklarierung
findet sich ein breites
Spektrum von belanglosen
Tröpfchen bis hin zu
hochwertigen Weinen.

DOC (Denominazione
di Origine Controllata) . . . . Italienische Ursprungs-
deklarierung für Lebensmittel,
insbesondere für Wein.

DOCG (Denominazione
di Origine Controllata
e Garantita) . . . . Kontrollierte und garantierte
Ursprungsbezeichnung für
Weine, die höchsten
Qualitätsansprüchen
genügen. Staatliches
Garantiesiegel.

A

Aglianico del Taburno DOC . . . . . Campania (Kampanien)
Aglianico del Vulture DOC . . . . . . Basilicata
Albana di Romagna DOCG . . . . . . Emilia-Romagna
Albugnano DOC . . . . Piemonte
Alcamo DOC . . . . Sicilia (Sizilien)
Aleatico di Gradoli DOC . . . . Lazio (Latium)
Aleatico di Puglia DOC . . . . Puglia (Apulien)
Alezio DOC . . . . Puglia (Apulien)
Alghero DOC . . . . Sardegna (Sardinien)
Allerona IGT . . . . Umbria (Umbrien)
Alta Langa DOC . . . . Piemonte
Alta Valle della Greve IGT . . . . . . Toscana
Alto Livenza IGT . . . . Veneto (Venetien)
Alto Mincio IGT . . . . Lombardia (Lombardei)
Alto Tirino IGT . . . . Abruzzo (Abruzzen)
Amarone DOC . . . . Veneto (Venetien)
Ansonica Costa
dell'Argentario DOC . . . . Toscana
Aprilia DOC . . . . Lazio (Latium)
Arborea DOC . . . . Sardegna (Sardinien)
Arcole DOC . . . . Veneto (Venetien)

Arghillà IGT . . . . Calabria (Kalabrien)
Arnad-Montjovet DOC . . . . Valle d'Aosta (Aostatal)
Assisi DOC . . . . Umbria (Umbrien)
Asti DOCG . . . . Piemonte
Atina DOC . . . . Lazio (Latium)
Aversa DOC . . . . Campania (Kampanien)

B

Bagnoli, Bagnoli di Sopra DOC . . . . Veneto (Venetien)
Barbaresco DOCG . . . . Piemonte
Barbera d'Alba DOC . . . . Piemonte
Barbera d'Asti DOC . . . . Piemonte
Barbera del Monferrato DOC . . . . . Piemonte
Barco Reale di Carmignano DOC . . Toscana
Bardolino Superiore DOCG . . . . Veneto (Venetien)
Bardolino DOC . . . . Veneto (Venetien)
Barolo DOCG . . . . Piemonte
Basilicata IGT . . . . Basilicata
Benaco Bresciano IGT . . . . Lombardia (Lombardei)
Beneventano IGT . . . . Campania (Kampanien)
Bergamasca IGT . . . . Lombardia (Lombardei)
Bettona IGT . . . . Umbria (Umbrien)
Bianchello del Metauro DOC . . . . . Marche (Marken)
Bianco Capena DOC . . . . Lazio (Latium)
Bianco dell'Empolese DOC . . . . Toscana
Bianco della Valdinievole DOC . . . . Toscana
Bianco delle Colline Lucchesi DOC . . Toscana
Bianco di Custoza DOC . . . . Veneto (Venetien)
Bianco di Pitigliano DOC . . . . Toscana
Bianco Pisano di S. Torp DOC . . . . . Toscana
Bianco Val d'Arbia DOC . . . . Toscana
Bianco Vergine Val di Chiana DOC . . Toscana
Biferno DOC . . . . Molise
Bivongi DOC . . . . Calabria (Kalabrien)
Blanc de Morgex DOC . . . . Valle d'Aosta (Aostatal)
Boca DOC . . . . Piemonte
Bolgheri Sassicaia DOC . . . . Toscana
Bolgheri DOC . . . . Toscana
Bosco Eliceo DOC . . . . Emilia-Romagna
Botticino DOC . . . . Lombardia (Lombardei)
Bozner Leiten DOC . . . . Alto Adige (Südtirol)
Brachetto d'Acqui DOCG . . . . Piemonte
Bramaterra DOC . . . . Piemonte
Breganze DOC . . . . Veneto (Venetien)
Brindisi DOC . . . . Puglia (Apulien)
Brunello di Montalcino DOCG . . . . Toscana

C

Cacc'e Mmitte di Lucera DOC .... Puglia (Apulien)
Cagnina di Romagna DOC .... Emilia-Romagna
Calabria IGT .... Calabria (Kalabrien)
Caluso Passito DOC. .... Piemonte
Campania IGT. .... Campania (Kampanien)
Campi Flegrei DOC. .... Campania (Kampanien)
Campidano di Terralba DOC. ..... Sardegna (Sardinien)
Canavese DOC. .... Piemonte
Candia dei Colli Apuani DOC .... Toscana
Cannara IGT .... Umbria (Umbrien)
Cannonau di Sardegna DOC ..... Sardegna (Sardinien)
Capriano del Colle DOC .... Lombardia (Lombardei)
Capri DOC. .... Campania (Kampanien)
Carema DOC. .... Piemonte
Carignano del Sulcis DOC. ...... Sardegna (Sardinien)
Carmignano DOCG .... Toscana
Carso DOC. .... Friuli (Friaul)
Castel del Monte DOC. .... Puglia (Apulien)
Castel San Lorenzo DOC. .... Campania (Kampanien)
Casteller DOC .... Trentino
Castelli Romani DOC .... Lazio (Latium)
Cellatica DOC .... Lombardia (Lombardei)
Cerasuolo di Vittoria DOCG ..... Sicilia (Sizilien)
Cerveteri DOC. .... Lazio (Latium)
Cesanese del Piglio DOCG ...... Lazio (Latium)
Cesanese di Affile DOC. .... Lazio (Latium)
Cesanese di Olevano Romano DOC . Lazio (Latium)
Chambave DOC. .... Valle d'Aosta (Aostatal)
Chianti Classico DOCG .... Toscana
Chianti DOCG .... Toscana
Cilento DOC .... Campania (Kampanien)
Cinqueterre DOC .... Liguria (Ligurien
Circeo DOC. .... Lazio (Latium)
Cirò DOC. .... Calabria (Kalabrien)
Cisterna d'Asti DOC .... Piemonte
Colli Albani. .... Lazio (Latium)
Colli Altotiberini DOC .... Umbria (Umbrien)
Colli Amerini DOC .... Umbria (Umbrien)
Colli Aprutini IGT. .... Abruzzo (Abruzzen)
Colli Berici DOC .... Veneto (Venetien)
Colli Bolognesi DOC .... Emilia-Romagna
Colli del Sangro IGT .... Abruzzo (Abruzzen)
Colli del Trasimeno DOC .... Umbria (Umbrien)
Colli dell'Etruria Centrale DOC ... Toscana

Colli della Sabina DOC . . . . Lazio (Latium)
Colli della Toscana Centrale IGT . . Toscana
Colli di Conegliano DOC . . . . Veneto (Venetien)
Colli di Faenza DOC . . . . Emilia-Romagna
Colli di Imola DOC . . . . Emilia-Romagna
Colli di Luni DOC . . . . Toscana
Colli di Parma DOC . . . . Emilia-Romagna
Colli di Rimini DOC . . . . Emilia-Romagna
Colli di Salerno IGT . . . . Campania (Kampanien)
Colli di Scandiano
   e di Panona DOC . . . . Emilia-Romagna
Colli Etruschi Viterbesi DOC . . . . . Lazio (Latium)
Colli Euganei DOC . . . . Veneto (Venetien)
Colli Frentane IGT . . . . Abruzzo (Abruzzen)
Colli Goriziano DOC . . . . Friuli (Friaul)
Colli Lanuvini DOC . . . . Lazio (Latium)
Colli Maceratesi DOC . . . . Marche (Marken)
Colli Martani DOC . . . . Umbria (Umbrien)
Colli Orientali del Friuli DOC . . . . . Friuli (Friaul)
Colli Perugini DOC . . . . Umbria (Umbrien)
Colli Pesaresi DOC . . . . Marche (Marken)
Colli Piacebti DOC . . . . Emilia-Romagna
Colli Tortonesi DOC . . . . Piemonte
Collina del Milanese IGT . . . . Lombardia (Lombardei)
Collina Torinese DOC . . . . Piemonte
Colline di Levanto DOC . . . . Liguria (Ligurien)
Colline Genovesato IGT . . . . Liguria (Ligurien)
Colline Lucchesi DOC . . . . Toscana
Colline Novaresi DOC . . . . Piemonte
Colline Pescaresi IGT . . . . Abruzzo (Abruzzen)
Colline Saluzzesi DOC . . . . Piemonte
Colline Savonesi IGT . . . . Liguria (Ligurien)
Colline Teatini IGT . . . . Abruzzo (Abruzzen)
Condoleo IGT . . . . Calabria (Kalabrien)
Contea di Sclafani DOC . . . . Sicilia (Sizilien)
Contessa Entellina DOC . . . . Sicilia (Sizilien)
Controguerra DOC . . . . Abruzzo (Abruzzen)
Copertino DOC . . . . Puglia (Apulien)
Cori DOC . . . . Lazio (Latium)
Cortese dell'Alto Monferrato DOC . . Piemonte
Costa d'Amalfi DOC . . . . Campania (Kampanien)
Costa Viola IGT . . . . Calabria (Kalabrien)
Coste della Sesia DOC . . . . Piemonte

D

Daunia IGT . . . . Puglia (Apulien)
Del Vastese (oder Histonium) IGT . . Abruzzo (Abruzzen)
Delia Nivolelli DOC . . . . Sicilia (Sizilien)
Dogliano DOCG . . . . Piemonte
Dolcetto d'Acqui DOC . . . . Piemonte
Dolcetto d'Alba DOC . . . . Piemonte
Dolcetto d'Asti DOC . . . . Piemonte
Dolcetto d'Ovada DOC . . . . Piemonte
Dolcetto di Diano d'Alba DOC . . . . Piemonte
Dolcetto di Dogliani
    Superiore DOCG . . . . Piemonte
Dolcetto di Dogliani DOC . . . . Piemonte
Donnaz (oder Donnas) DOC . . . . . . Valle d'Aosta (Aostatal)
Donnici DOC . . . . Calabria (Kalabrien)
Dugenta IGT . . . . Campania (Kampanien)

E

Eisacktaler DOC . . . . Alto Adige (Südtirol)
Elba DOC . . . . Toscana
Eloro DOC . . . . Sicilia (Sizilien)
Enfer d'Arvier DOC . . . . Valle d'Aosta (Aostatal)
Epomeo IGT . . . . Campania (Kampanien)
Erbaluce di Caluso DOC . . . . Piemonte
Erice DOC . . . . Sicilia (Sizilien)
Esaro IGT . . . . Calabria (Kalabrien)
Esino DOC . . . . Marche (Marken)
Est! Est!! Est!!!
    di Montefiascone DOC . . . . Lazio (Latium)
Etna DOC . . . . Sicilia (Sizilien)

F

Falerio dei Colli Ascolani DOC . . . . Marche (Marken)
Falerio DOC . . . . Marche (Marken)
Falerno del Massico DOC . . . . Campania (Kampanien)
Fara DOC . . . . Piemonte
Faro DOC . . . . Sicilia (Sizilien)
Fiano di Avellino DOCG . . . . Campania (Kampanien)
Franciacorta DOC . . . . Lombardia (Lombardei)
Franciacorta DOCG . . . . Lombardia (Lombardei)
Frascati DOC . . . . Lazio (Latium)
Freisa d'Asti DOC . . . . Piemonte
Freisa di Chieri DOC . . . . Piemonte
Friuli Aguileia DOC . . . . Friuli (Friaul)
Friuli Annia DOC . . . . Friuli (Friaul)
Friuli Grave DOC . . . . Friuli (Friaul)
Friuli Latisana DOC . . . . Friuli (Friaul)

G

Gabiano DOC................... Piemonte
Galatina DOC .... Puglia (Apulien)
Galluccio DOC................. Campania (Kampanien)
Gambellara DOC............... Veneto (Venetien)
Garda Bresciano DOC........... Lombardia (Lombardei)
Garda dei Colli Mantovani DOC... Lombardia (Lombardei)
Garda DOC .... Lombardia (Lombardei)
Gattinara DOCG .... Piemonte
Gavi DOCG .... Piemonte
Genazzano DOC .... Lazio (Latium)
Ghemme DOCG .... Piemonte
Gioia del Colle DOC .... Puglia (Apulien)
Girò di Cagliari DOC........... Sardegna (Sardinien)
Golfo dei Poeti IGT............ Liguria (Ligurien)
Golfo del Tigullio DOC .... Liguria (Ligurien)
Gravina DOC.................. Puglia (Apulien)
Greco di Bianco DOC .... Calabria (Kalabrien)
Greco di Gerace DOC .... Calabria (Kalabrien)
Greco di Tufo DOCG .... Campania (Kampanien)
Grignolino d'Asti DOC .... Piemonte
Grignolino del Monferrato
   Casalese DOC............... Piemonte
Grottino di Roccanova IGT....... Basilicata
Guardia Sanframondi DOC....... Campania (Kampanien)
Guardiolo DOC .... Campania (Kampanien)

I

I Terrini di Sanseverino DOC ..... Marche (Marken)
Inzolia DOC.................. Sicilia (Sizilien)
Irpinia DOC.................. Campania (Kampanien)
Ischia DOC .... Campania (Kampanien)
Isonzo DOC.................. Friuli (Friaul)

K - L

Kalterer See DOC .... Alto Adige (Südtirol)
Lacrima di Morro d'Alba DOC .... Marche (Marken)
Lago di Corbara DOC .... Umbria (Umbrien)
Lambrusco di Sorbara DOC ...... Emilia-Romagna
Lambrusco Grasparossa
   di Castelvetro DOC........... Emilia-Romagna
Lambrusco Mantovano DOC...... Lombardia (Lombardei)
Lambrusco Salamino
   di Santa Croce DOC.......... Emilia-Romagna
Lamezia DOC .... Calabria (Kalabrien)
Langhe DOC .... Piemonte
Lessini Durello DOC........... Veneto (Venetien)

Lessona DOC . . . . Piemonte
Leverano DOC . . . . Puglia (Apulien)
Lipuda IGT . . . . Calabria (Kalabrien)
Lison Pramaggiore DOC . . . . Friuli (Friaul)
Lison Pramaggiore DOC . . . . Veneto (Venetien)
Lizzano DOC . . . . Puglia (Apulien)
Loazzolo DOC . . . . Piemonte
Locorotondo DOC . . . . Puglia (Apulien)
Locride IGT . . . . Calabria (Kalabrien)
Lugana DOC . . . . Lombardia (Lombardei)

M

Malvasia delle Lipari DOC . . . . Sicilia (Sizilien)
Malvasia di Bosa DOC . . . . Sardegna (Sardinien)
Malvasia di Cagliari DOC . . . . Sardegna (Sardinien)
Malvasia di Casorzo d'Asti DOC . . . Piemonte
Malvasia di Castelnuovo
   Don Bosco DOC . . . . Piemonte
Mamertino di Milazzo DOC . . . . . . Sicilia (Sizilien)
Mandrolisai DOC . . . . Sardegna (Sardinien)
Mantonico di Bianco DOC . . . . Calabria (Kalabrien)
Mantova IGT . . . . Lombardia (Lombardei)
Marche (Marken) IGT . . . . Marche (Marken)
Maremma Toscana IGT . . . . Toscana
Marino DOC . . . . Lazio (Latium)
Marsala DOC . . . . Sicilia (Sizilien)
Martina Franca DOC . . . . Puglia (Apulien)
Matera DOC . . . . Basilicata
Matino DOC . . . . Puglia (Apulien)
Melissa DOC . . . . Calabria (Kalabrien)
Menfi DOC . . . . Sicilia (Sizilien)
Meraner DOC . . . . Alto Adige (Südtirol)
Merlara DOC . . . . Veneto (Venetien)
Molise DOC . . . . Molise
Monferrato DOC . . . . Piemonte
Monica di Cagliari DOC . . . . Sardegna (Sardinien)
Monica di Sardegna DOC . . . . Sardegna (Sardinien)
Monreale DOC . . . . Sicilia (Sizilien)
Montecarlo DOC . . . . Toscana
Montecompatri-Colonna DOC . . . . Lazio (Latium)
Montecucco DOC . . . . Toscana
Montefalco DOC . . . . Umbria (Umbrien)
Montello e Colli Asolani DOC . . . . . Veneto (Venetien)
Montenetto di Brescia IGT . . . . Lombardia (Lombardei)
Montepulciano d'Abruzzo
   Colline Teramane DOCG . . . . Abruzzo (Abruzzen)

Montepulciano d'Abruzzo DOC . . . Abruzzo (Abruzzen)
Monteregio di
  Massa Marittima DOC . . . . Toscana
Montescudaio DOC . . . . Toscana
Morellino di Scansano DOC . . . . . . Toscana
Moscadello di Montalcino DOC . . . Toscana
Moscato d'Asti DOC . . . . Piemonte
Moscato di Cagliari DOC. . . . . Sardegna (Sardinien)
Moscato di Noto DOC . . . . Sicilia (Sizilien)
Moscato di Pantelleria DOC . . . . . . Sicilia (Sizilien)
Moscato di Sardegna DOC . . . . Sardegna (Sardinien)
Moscato di Siracusa DOC . . . . Sicilia (Sizilien)
Moscato di Sorso-Sennori DOC . . . Sardegna (Sardinien)
Moscato di Trani DOC. . . . . Puglia (Apulien)
Murgia IGT . . . . Puglia (Apulien)

N

Nardò DOC . . . . Puglia (Apulien)
Narni IGT . . . . Umbria (Umbrien)
Nasco di Cagliari DOC . . . . Sardegna (Sardinien)
Nebbiolo d'Alba DOC . . . . Piemonte
Nero d'Avola IGT . . . . Sicilia (Sizilien)
Nuragus di Cagliari DOC . . . . Sardegna (Sardinien)
Nus DOC . . . . Valle d'Aosta (Aostatal)

O

Offida DOC . . . . Marche (Marken)
Oltrepò Pavese
  Metodo Classico DOCG . . . . Lombardia (Lombardei)
Oltrepò Pavese DOC . . . . Lombardia (Lombardei)
Ormeasco di Pornassio DOC. . . . . . Liguria (Ligurien)
Orta Nova DOC . . . . Puglia (Apulien)
Orvieto Classico DOC . . . . Umbria (Umbrien)
Ostuni DOC. . . . . Puglia (Apulien)

P

Paestum IGT . . . . Campania (Kampanien)
Pagadebit di Romagna DOC . . . . . . Emilia-Romagna
Palizzi IGT. . . . . Calabria (Kalabrien)
Parrina DOC . . . . Toscana
Pavia IGT. Lombardia (Lombardei)
Pellaro IGT . . . . Calabria (Kalabrien)
Penisola Sorrentina DOC . . . . Campania (Kampanien)
Pentro di Isernia DOC. . . . . Molise
Pergola DOC . . . . Marche (Marken)
Piave ode Vini del Piave DOC . . . . . Veneto (Venetien)
Picolit DOCG . . . . Friuli (Friaul)

Piemonte DOC .... Piemonte
Pignatello IGT................ Sicilia (Sizilien)
Pinerolese DOC............... Piemonte
Pollino DOC.................. Calabria (Kalabrien)
Pomino DOC .... Toscana
Pompeiano IGT............... Campania (Kampanien)
Primitivo di Manduria DOC ...... Puglia (Apulien)
Prosecco DOC .... Veneto (Venetien)
Provincia di Mantova IGT....... Lombardia (Lombardei)
Provincia di Pavia IGT.......... Lombardia (Lombardei)
Puglia IGT................... Puglia (Apulien)

Q - R

Quistello IGT................. Lombardia (Lombardei)
Ramandolo DOCG .... Friuli (Friaul)
Recioto di Soave DOCG .... Veneto (Venetien)
Reggiano DOC................ Emilia-Romagna
Reno DOC .... Emilia-Romagna
Riesi DOC .... Sicilia (Sizilien)
Riviera del Garda Bresciano DOC.. Lombardia (Lombardei)
Riviera di Ponente DOC .... Liguria (Ligurien)
Roccamonfina IGT .... Campania (Kampanien)
Roero (Roero Arneis,
    Roero Arneis Spumante) DOCG.. Piemonte
Romagna Albana Spumante DOC.. Emilia-Romagna
Ronchi di Brescia IGT........... Lombardia (Lombardei)
Rossese di Dolceacqua DOC ..... Liguria (Ligurien)
Rosso Barletta DOC............ Puglia (Apulien)
Rosso Canosa DOC .... Puglia (Apulien)
Rosso Conero DOCG .... Marche (Marken)
Rosso di Cerignola DOC .... Puglia (Apulien)
Rosso di Montalcino DOC........ Toscana
Rosso di Montepulciano DOC..... Toscana
Rosso Orvietano DOC .... Umbria (Umbrien)
Rosso Piceno DOC............. Marche (Marken)
Rubino di Cantavenna DOC ...... Piemonte
Ruchè di Castagnole
    Monferrato DOC............. Piemonte

S

Sabbioneta IGT .... Lombardia (Lombardei)
Sagrantino di Montefalco DOCG .. Umbria (Umbrien)
Salaparuta DOC............... Sicilia (Sizilien)
Salento IGT.................. Puglia (Apulien)
Salice Salentino DOC .... Puglia (Apulien)
Sambuca di Sicilia DOC .... Sicilia (Sizilien)
San Colombano al Lambro DOC... Lombardia (Lombardei)

San Gimignano DOC . . . . Toscana
San Ginesio DOC . . . . Marche (Marken)
San Martino della Battaglia DOC . . Lombardia (Lombardei)
San Severo DOC . . . . Puglia (Apulien)
San Vito di Luzzi DOC . . . . Calabria (Kalabrien)
Sangiovese di Romagna DOC . . . . . Emilia-Romagna
Sannio DOC . . . . Campania (Kampanien)
Sant'Agata de' Goti DOC . . . . Campania (Kampanien)
Sant'Antimo DOC . . . . Toscana
Santa Margherita di Belice DOC . . . Sicilia (Sizilien)
Sant'Anna di
   Isola Capo Rizzuto DOC . . . . Calabria (Kalabrien)
Sardegna Semidano DOC . . . . Sardegna (Sardinien)
Savuto DOC . . . . Calabria (Kalabrien)
Scavigna DOC . . . . Calabria (Kalabrien)
Sciacca DOC . . . . Sicilia (Sizilien)
Scilla IGT . . . . Calabria (Kalabrien)
Sebino DOC . . . . Lombardia (Lombardei)
Serrapetrona DOC . . . . Marche (Marken)
Sforzato di Valtellina DOCG . . . . . . Lombardia (Lombardei)
Sfursat di Valtellina DOCG . . . . Lombardia (Lombardei)
Sizzano DOC . . . . Piemonte
Soave Superiore DOCG . . . . Veneto (Venetien)
Soave DOC . . . . Veneto (Venetien)
Solopaca DOC . . . . Campania (Kampanien)
Sorni DOC . . . . Trentino
Spello IGT . . . . Umbria (Umbrien)
Squinzano DOC . . . . Puglia (Apulien)
St. Magdalener DOC . . . . Alto Adige (Südtirol)
Südtiroler DOC . . . . Alto Adige (Südtirol)

T

Taburno DOC . . . . Campania (Kampanien)
Tarantino IGT . . . . Puglia (Apulien)
Tarquinia DOC . . . . Lazio (Latium)
Taurasi DOCG . . . . Campania (Kampanien)
Terlaner DOC . . . . Alto Adige (Südtirol)
Teroldego Rotaliano DOC . . . . Trentino
Terrazze Retiche di Sondrio IGT . . Lombardia (Lombardei)
Terre del Volturno IGT . . . . Campania (Kampanien)
Terre dell'Alta Val d'Agri DOC . . . . Basilicata
Terre di Chieti IGT . . . . Abruzzo (Abruzzen)
Torette DOC . . . . Valle d'Aosta (Aostatal)
Torgiano Rosso Riserva DOCG . . . . Umbria (Umbrien)
Torgiano DOC . . . . Umbria (Umbrien)
Toscano oder Toscana IGT . . . . Toscana

Trebbiano d'Abruzzo DOC . . . . Abruzzo (Abruzzen)
Trebbiano di Romagna DOC . . . . Emilia-Romagna
Trentino DOC . . . . Trentino

U - V

Umbria (Umbrien) IGT . . . . Umbria (Umbrien)
Val d'Arbia DOC . . . . Toscana
Val di Cornia DOC . . . . Toscana
Val di Magra IGT . . . . Toscana
Val di Neto IGT . . . . Calabria (Kalabrien)
Val Polcevera DOC . . . . Liguria (Ligurien)
Valcalepio DOC . . . . Lombardia (Lombardei)
Valcamonica IGT . . . . Lombardia (Lombardei)
Valdadige DOC . . . . Trentino
Valdamato IGT . . . . Calabria (Kalabrien)
Valle d'Itria IGT . . . . Puglia (Apulien)
Valle del Crati IGT . . . . Calabria (Kalabrien)
Valle Peligna IGT . . . . Abruzzo (Abruzzen)
Valpolicella DOC . . . . Veneto (Venetien)
Valtellina Superiore DOCG . . . . Lombardia (Lombardei)
Valtellina DOC . . . . Lombardia (Lombardei)
Velletri DOC . . . . Lazio (Latium)
Verbicaro DOC . . . . Calabria (Kalabrien)
Verdicchio dei Castelli di Jesi DOC . Marche (Marken)
Verdicchio di Matelica DOC . . . . Marche (Marken)
Verduno DOC . . . . Piemonte
Vermentino di Gallura DOCG . . . . . . Sardegna (Sardinien)
Vermentino di Sardegna DOC . . . . . Sardegna (Sardinien)
Vernaccia di Oristano DOC . . . . Sardegna (Sardinien)
Vernaccia di San Gimignano DOCG . Toscana
Vernaccia di Serrapetrona DOCG . . . Marche (Marken)
Vesuvio DOC . . . . Campania (Kampanien)
Vicenza DOC . . . . Veneto (Venetien)
Vignanello DOC . . . . Lazio (Latium)
Vino Nobile di
  Montepulciano DOCG . . . . Toscana
Vinsanto del Chianti Classico DOC . Toscana
Vinsanto di Montepulciano DOC . . . Toscana
Vinschgau DOC . . . . Alto Adige (Südtirol)
Vittoria DOC . . . . Sicilia (Sizilien)

Z

Zagarolo DOC . . . . Lazio (Latium)

Käse & Wein

sortiert
nach Regionen

DOP (Denominazione
d'origine protetta) . . . . . . Käsesorte mit geschützter
Herkunftsbezeichnung.

Schema für Käsesorten. . . . Herkunft (*In der Regel Ort-
schaften oder Städte, aber auch
geographische Angaben*);
Rohmaterial; Reifezeit.

vino da tavola . . . . Tafelwein (in diesem Glossar
nicht gelistet)

IGT (Indicazione
Geografica Tipica) . . . . . . Unter dieser Deklarierung
findet sich ein breites Spektrum von
belanglosen Tröpfchen bis hin zu
hochwertigen Weinen.

DOC (Denominazione
di Origine Controllata) . . Italienische Ursprungs-
deklarierung für Lebensmittel,
insbesondere für Wein.

DOCG (Denominazione
di Origine Controllata
e Garantita) . . . . Kontrollierte und garantierte
Ursprungsbezeichnung für Weine,
die höchsten Qualitätsansprüchen
genügen. Staatliches Garantiesiegel.

— Piemonte —
Käse

Bettelmatt . . . . Como, Varese, Novara;
Kuhvollmilch und Magermilch;
Reifezeit: 40 bis 50 Tage,
manchmal auch ein Jahr.

Boves. . . . . Boves und Umgebung;
Kuhvollmilch; Reifezeit
max. 20 Tage.

Bra duro DOP . . . . Cuneo, Torino; Kuhmagermilch,
manchmal kleine Anteile
von Ziegenmilch;
Reifezeit: 6 bis 12 Monate.

Bra tenero DOP . . . . Cuneo, Torino; Magermilch;
Frischkäse ohne Reifezeit.

Caprino al pepe
di Bagnolo . . . . Bagnolo und Barge; Ziegenmilch
mit geringen Anteilen von
Kuhmilch; Reifezeit: wenige Tage.

DIE REGIONEN IN ITALIEN

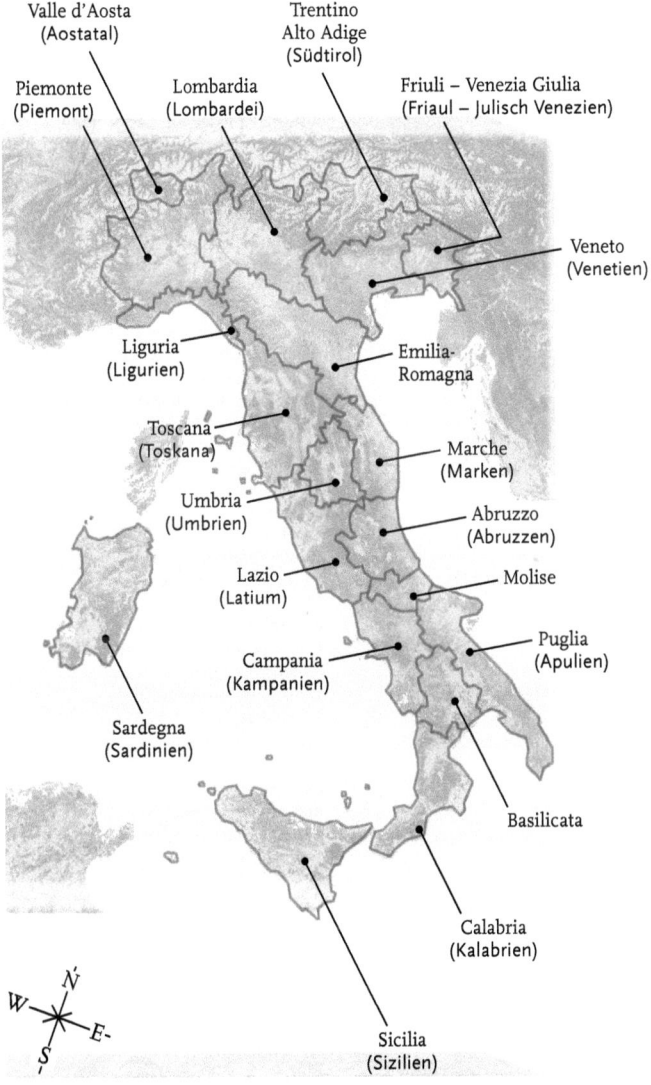

Valle d'Aosta
(Aostatal)

Trentino
Alto Adige
(Südtirol)

Piemonte
(Piemont)

Lombardia
(Lombardei)

Friuli – Venezia Giulia
(Friaul – Julisch Venezien)

Veneto
(Venetien)

Liguria
(Ligurien)

Emilia-
Romagna

Toscana
(Toskana)

Marche
(Marken)

Umbria
(Umbrien)

Abruzzo
(Abruzzen)

Lazio
(Latium)

Molise

Puglia
(Apulien)

Campania
(Kampanien)

Sardegna
(Sardinien)

Basilicata

Calabria
(Kalabrien)

Sicilia
(Sizilien)

113

Caprino di Demonte . . . . . . Valle Stura; Ziegenmilch;
Reifezeit: 30–50 Tage.

Caprino di Rimella . . . . Valsesia, Rimella; Ziegenmilch;
Reifezeit: ca zwei Monate.

Caprino ossolano . . . . Domodossola, Varzo,
Val Vigezzo; Ziegenmilch;
Reifezeit: 5–20 Tage.

Castelmagno DOP . . . . Castelmagno, Cuneo;
Kuhmilch; Reifezeit: 2–5 Monate.

Cavrin di Coazze. . . . . Valle di Fiume Sangore,
Chiaverano; Kuh- und Ziegenmilch;
Frischkäse.

Giuncà. . . . . Val di Lanzo; Kuhmilch; Frischkäse.

Gongorzola DOP . . . . Gorgonzola, Lombardia und
Piemonte; Kuhvollmilch;
unterschiedliche Reifezeiten.

Grasso d'alpe. . . . . Region Alto Novarese; Kuhmilch;
Reifezeit: 2 Monate.

Murazzano . . . . Bastia Mondovì, Ceva, Priero,
Castelnuovo Ceva, Clavesana,
Montezemolo, Sale San Giovanni;
Kuh-, Schafs- und Ziegenmilch;
Frischkäse.

Nostrano d'alpe. . . . . Valle Antigorio, Valle Diveria,
Media Ossola, Valle Vigezzo;
Kuhmagermilch mit etwas
Ziegenmilch; Reifezeit:
6–12 Monate.

Nostrano di Latteria . . . . . . Valle Antigorio, Valle Diveria,
Media Ossola, Valle Vigezzo;
Kuhmilch; Reifezeit: 70 Tage.

Paglierina di Rifreddo. . . . . Provinz Cuneo; Kuhvollmilch;
Reifezeit: 20 Tage.

Pierino . . . . Entracque; Kuhvollmilch;
Frischkäse.

Raschera DOP . . . . Cuneo; Kuhmilch;
Reifezeit: 1–2 Monate.

Robiola Alta Langa . . . . Alta Langa, Peveragno;
Kuh- und Ziegenmilch.

Robiola di Roccaverano DOP Roccaverano, Acqui Terme;
Kuh- und Ziegenmilch;
Reifezeit: 20 Tage.

Soera. . . . . Ormea, Villaro, Cascine Albra;
Kuh- und Schafsmilch;
Reifezeit: 1–2 Monate.

Toma del Maccagno . . . . . . Val del Cervo, Biellese; Kuhmilch;
Reifezeit: 4 Wochen.

Toma della Valle di Susa . . . Val di Susa; Kuhmilch;
Reifezeit: 3 Monate.

Toma della Valle Stura . . . . Valle Stura; Kuh- und Ziegenmilch.

Toma di Balme . . . . Balme, Camba, Provinz Turin;
Kuhmilch; Reifezeit: 3 Monate.

Toma di Lanzo . . . . Valle di Lanzo, Valle Grande,
Valle di Ala; Kuhmilch;
Reifezeit: 3 Monate.

Toma di Pragelato . . . . Val Chiosone; Kuhmilch;
Reifezeit: 3 Monate.

Tomini del Talucco . . . . Pinerolo; Kuh- und Ziegenmilch;
Frischkäse.

Tomino di Andrate . . . . Andrate, Cavanese; Kuhvollmilch;
Reifezeit: 10 Tage.

Tomino di Bosconero . . . . . Bosconero und Umgebung;
Kuhvollmilch.

Tomino di Sordevolo . . . . . . Sordevolo; Kuhvollmilch;
Frischkäse.

Tomino montoso . . . . Bagnolo Piemontese; Kuhvollmilch;
Frischkäse.

Wein

Albugnano DOC, Alta Langa DOC,
Asti DOCG, Barbaresco DOCG,
Barbera d'Alba Piemonte DOC, Barbera d'Asti DOC,
Barbera del Monferrato DOC, Barolo DOCG, Boca DOC,
Brachetto d'Acqui DOCG, Bramaterra DOC, Caluso Passito
DOC, Canavese DOC, Carema DOC, Cisterna d'Asti DOC, Colli
Tortonesi DOC, Collina Torinese DOC, Colline Novaresi DOC,
Colline Saluzzesi DOC, Cortese dell'Alto Monferrato DOC,
Coste della Sesia DOC, Dolcetto d'Acqui DOC,
Dolcetto d'Alba DOC,
Dolcetto d'Asti DOC,
Dolcetto di Diano d'Alba DOC,
Dolcetto di Dogliani Superiore DOCG,
Dogliano DOCG, Dolcetto di Dogliani DOC,
Dolcetto d'Ovada DOC, Erbaluce di Caluso DOC,
Fara DOC, Freisa d'Asti DOC, Freisa di Chieri DOC,
Gabiano DOC, Gattinara DOCG, Gavi DOCG,
Ghemme DOCG, Grignolino d'Asti DOC,
Grignolino del Monferrato Casalese DOC,
Langhe DOC, Lessona DOC,
Loazzolo DOC,
Malvasia di Casorzo d'Asti DOC,
Malvasia di Castelnuovo Don Bosco DOC, Monferrato DOC,
Moscato d'Asti DOC, Nebbiolo d'Alba DOC, Piemonte DOC,
Pinerolese DOC, Roero Arneis DOCG, Roero Arneis Spumante
DOCG, Rubino di Cantavenna DOC,
Ruchè di Castagnole Monferrato DOC,
Sizzano DOC, Verduno DOC.

——

— VALLE D'AOSTA (AOSTATAL) —
KÄSE

Fontina DOP . . . . Kuhmilch; Reifezeit: 3–8 Monate.
Toma della Bassa
  Val d'Aosta . . . . Kuhmilch; Reifezeit: 3–8 Monate.

WEIN

Arnad-Montjovet DOC,
Blanc de Morgex et de La Salle DOC,
Chambave DOC, Donnaz (oder Donnas) DOC,
Enfer d'Arvier DOC, Nus DOC, Torette DOC.

— LOMBARDIA (LOMBARDEI) —
KÄSE

Bagoss . . . . Vallata del Caffaro, Val Camonica,
Val Trompia, Val Sabbia,
Val Dorizzo; Kuhmagermilch;
Reifezeit: 6–12 Monate.

Bernardo . . . . Clusone; Kuh- und Ziegenmilch;
Frischkäse.

Bitto DOP . . . . Sondrio, Bergamo;
Kuhvollmilch und Ziegenmilch;
Reifezeit: 3–24 Monate.

Branzi . . . . Branzi und Umgebung;
Kuhvollmilch;
Reifezeit: 2–7 Monate.

Valle Brembana caprino . . . Valasassina, Intelvi, Montevecchia;
Kuh- Schaf- und Ziegenmilch;
Reifezeit: 6–8 Monate.

Casatta nostrana . . . . Cortero Golgi, Campovecchio;
Kuhvollmilch; Frischkäse.

Casera . . . . Valtellina; Kuhmagermilch;
Reifezeit: 2 Monate.

Casolèt . . . . Val Camonica; Kuhmagermilch;
Reifezeit: 2–12 Monate.

Crescenza . . . . Kuhmagermilch; Frischkäse.

Formaggella del Bec . . . . . . Canzo, Dongo; Ziegenmilch;
Reifezeit: 1–2 Monate.

Formaggio di caglio . . . . . . Como; Kuhmagermilch plus
Ziegen- und Schafsmilch;
Frischkäse.

Formaggella . . . . Lombardia; Kuh-, Ziegen- und
Schafsmilch; Reifezeit: 2 Monate.

Formaggio del Gleno . . . . . Val di Scalve; Kuhmagermilch;
Reifezeit: 12 Monate.

Formaggio di Menconico . . Val Staffora; Kuh- und Ziegenmilch;
Reifezeit: 20–40 Tage.

Formaggio semigrasso
d'alpe . . . . Bormio, Livigno; Kuhmilch;
Reifezeit: bis zu zwei Jahre.

Formai de Mut DOP . . . . . . Bergamo, Alta Valle Brembana;
Kuhmagermilch;
Reifezeit: 6–12 Monate

Furmaggitt di
Montevecchia. . . . . Montevecchia; Kuhvollmilch;
Reifezeit: ein Jahr und länger.

Gorgonzola a
due paste DOP . . . . Kuhvollmilch;
Reifezeit: 2–6 Monate.

Gorgonzola bresciano DOP . Bergamo, Brescia;
Kuhvollmilch;
Reifezeit: 2–3 Monate.

Gorgonzola con coda DOP . Alpi Bresciane; Kuhvollmilch;
Frischkäse.

Grana padano DOP . . . . Lombardia, Piemonte,
Emilia Romagna, Veneto;
Kuhvollmilch; Reifezeit: 1–3 Jahre.

Granone lodigiano . . . . Lodi, Milano, Abbiategrasso;
Kuhvollmilch; Reifezeit: 2–4 Jahre.

Magnuca (Magnocca,
Maiòc) . . . . Sondrio; Kuhmilch;
Reifezeit: 2–12 Monate.

Magro di piatta . . . . Cremona; Kuhvollmilch;
Reifezeit: 3–12 Monate.

Quartirolo lombardo DOP . . Milano, Pavia,
Melegnano, Lodi,
Casalpusterlengo, Melzo,
Abbiategrasso, Codogno;
Kuhvollmilch; Frischkäse.

Salva . . . . Moscazzano, Crema, Soncino;
Kuhmilch; Reifezeit: 2–24 Monate.

Sbrinz . . . . Kuhmagermilch;
Reifezeit: 12–24 Monate.

Scimuda d'alpe . . . . Bormio, Livigno, Valtellina;
Kuhmilch: Reifezeit: 18 Monate.

Scimudin. . . . . Valtellina; Kuh-und Ziegenmilch;
Reifezeit: 20–30 Tage.

Silter DOP . . . . Val Camonica, Saviore
del'Adamello, Ponte di Legno;
Kuhmilch; Reifezeit: 6–12 Monate.

Spalèm . . . . Como, Varese; Kuhmagermilch;
Reifezeit: 6–24 Monate.

Stracchino. . . . . Nesso; Kuhvollmilch;
Reifezeit: 20 Tage.

Strachet. . . . . Val Camonica, Val Saviore,
Val Trompia; Kuhmilch;
Reifezeit: 2 Monate.

Taleggio DOP............ Bergamo, Brescia, Como,
                        Cremona, Milano, Pavia;
                        Kuhvollmilch; Reifezeit: 25–50 Tage.
Torta .... Kuhvollmilch; Frischkäse.
Val Brandet .... Edolo, Passo dell'Aprica;
                        Kuh- und Schafsmilch;
                        Reifezeit: 30–60 Tage.

WEIN

Alto Mincio IDG, Benaco Bresciano IDG,
Bergamasca IDG, Botticino DOC, Capriano del Colle DOC,
Cellatica DOC, Collina del Milanese IDG, Franciacorta DOCG,
Garda DOC, Garda Bresciano DOC,
Garda dei Colli Mantovani DOC, Lambrusco Mantovano DOC,
Lugana DOC, Mantova IDG, Montenetto di Brescia IDG,
Oltrepò Pavese DOC, Oltrepò Pavese Metodo Classico DOCG,
Pavia IDG, Provincia di Mantova IDG, Provincia di Pavia IDG,
Quistello IDG, Riviera del Garda Bresciano DOC,
Ronchi di Brescia IDG, Sabbioneta IDG,
San Colombano al Lambro DOC,
San Martino della Battaglia DOC, Sebino IDG,
Sforzato di Valtellina DOCG, Terrazze Retiche di Sondrio IDG,
Valcalepio DOC, Valcamonica IDG, Valtellina DOC,
Valtellina Superiore DOCG.

— TRENTINO - ALTO ADIGE (SÜDTIROL) —
KÄSE

Dolomiti .... Mezzano Predazzo;
                       Kuhvollmilch; Frischkäse.
Nostrano de Casèl....... Primiero, Val di Fiemme,
                        Val di Cembra, Valfloriana, Pinè,
                        Val dei Mocheni, Borgo Valsugana;
                        Kuhmilch; Reifezeit: 1 Jahr.
Nostrano di malga .... Alpen und Voralpen; Kuhmilch;
                        Reifezeit: 5 Monate.
Nostrano semigrasso ..... Valle di Sole; Kuhmilch;
                        Reifezeit: 18 Monate.
Nostrano valchiese .... Valle delle Chiese; Kuhmagermilch;
                        Reifezeit: 2 Jahre.
Puzzone di Moena .... Moena, Campitello di Fassa;
                        Kuhvollmilch; Reifezeit: 1 Jahr
Solandro di malga........ Val di Sole, Val di Rabbi;
                        Kuhmilch; Reifezeit: 12 Monate.
Solandro magro .... Val di Sole, Val di Rabbi;
                        Kuhmagermilch;
                        Reifezeit: 18–24 Monate.
Spressa DOP .... Val del Chiese, Val Rendena;
                        Kuhmagermilch;
                        Reifezeit: 9–10 Monate.

Spretz Tzaorì . . . . Moena, Campitello di Fassa;
Kuhvollmilch; Reifezeit: 12 Monate.

Tosèla . . . . Valle di Primiero, Bassa Val Sugana,
Val di Tesino, Massiccio del Lagorai;
Kuhvollmilch; Frischkäse.

Val Brandet . . . . Trento; Kuhmilch; Reifezeit: 2 Jahre.

Vezzena . . . . Altopiano di Lavarone,
Passo Vezzena und Folgaria;
Kuhmilch; Reifezeit: 2 Jahre.

WEIN

Bozner Leiten DOC, Casteller DOC,
Eisacktaler DOC, Kalterer See DOC, Meraner DOC,
Sorni DOC, Südtiroler DOC, St. Magdalener DOC,
Terlaner DOC, Teroldego Rotaliano DOC,
Trentino DOC, Valdadige DOC,
Vinschgau DOC.

— VENETO (VENETIEN) —
KÄSE

Asiago d'Allevo DOP . . . . . . Vicenza, Treviso; Kuhmilch;
Reifezeit: 6–12 Monate.

Asiago pressato DOP . . . . . . Vicenza, Treviso; Kuhmilch:
Reifezeit: 2 Monate.

Caciotta di latte caprino . . . Sant'Ambrogio Valpolicella;
Kuh- und Ziegenmilch;
Reifezeit: 1 Monat.

Caciotta di pecora . . . . Sant'Ambrogio Valpolicella;
Kuh- und Schafsmilch;
Reifezeit: 1 Monat.

Caciotta misto pecora . . . . . Padova und Pergolotte di Cona;
Kuh- und Schafsmilch;
Reifezeit: 1 Monat.

Cansiglio . . . . Cansiglio; Kuhvollmilch;
Reifezeit: 1 Monat.

Caprino fresco . . . . Farra di Soligo; Ziegenmilch;
Frischkäse.

Caprino stagionato . . . . Farra di Soligo; Ziegenmilch;
Reifezeit: 12 Monate.

Caprino . . . . Montegalda und
Sant'Ambrogio di Valpolicella;
Ziegenmilch; Reifezeit: 15 Tage.

Carnia dolce . . . . Comelico; Kuhmilch;
Reifezeit: 12 Monate.

Casalina . . . . Treviso; Kuhvollmilch;
Reifezeit: 2 Monate.

Casatella trevigiana . . . . . . Treviso; Kuhvollmilch; Frischkäse.

Comelico . . . . Santo Stefano di Cadore; Kuhmilch;
Reifezeit: 12 Monate.

119

Dolcezza d'Asiago........ Asiago; Kuhvollmilch; Frischkäse.

Fodòm................ Livinallongo; Kuhmilch;
Reifezeit: 3 Monate.

Latteria .... Treviso, Belluno; Kuhvollmilch;
Frischkäse.

Monte delle Dolomiti ..... Zoldo Alto, Colle Santa Lucia;
Kuhmilch; Reifezeit: 12 Monate.

Monte fresco........... Malcesine, Monte Baldo;
Kuhmilch; Frischkäse.

Monte stagionato .... Malcesine, Monte Baldo; Kuhmilch;
Reifezeit: 12 Monate.

Monte veronese DOP...... Monti Lessini; Kuhvollmilch;
Reifezeit: 2 Monate.

Monte veronese
magro DOP........... Monti Lessini; Kuhmilch;
Reifezeit: 12–24 Monate.

Morlàc................ Massiccio del Grappa; Kuhmilch;
Reifezeit: 2 Monate.

Morlacco.............. Massiccio del Grappa; Kuhmilch;
Reifezeit: 2 Monate.

Nostrano di malga .... Belluno; Kuhmilch; Reife: 2 Mon.

Nostrano Prealpino....... Val Belluna, Padova; Kuhmilch;
Reifezeit: 3–24 Monate.

Pannarello............. Treviso, Pordenone; Kuhvollmilch
und Sahne; Frischkäse.

Piave .... Cesiomaggiore; Kuhmagermilch;
Reifezeit: 3–15 Monate.

Pressato............... Val Belluna; Kuhmilch;
Reifezeit: 2 Monate.

Renàz .... Tambre, Piana del Cansiglio;
Kuhmilch; Reifezeit: 1 Monat.

Ricotta contadina
affumicata .... Sappada; Kuhmilch;
Reifezeit: 1 Monat.

Schiz .... Belluno; Kuhmagermilch;
Frischkäse.

Wein

Alto Livenza IGT, Amarone DOC, Arcole DOC,
Bagnoli, Bagnoli di Sopra DOC, Bardolino DOC,
Bardolino Superiore DOCG, Bianco di Custoza DOC,
Breganze DOC, Colli Berici DOC,
Colli di Conegliano DOC,
Colli Euganei DOC,
Gambellara DOC, Lessini Durello DOC,
Lison Pramaggiore DOC, Merlara DOC,
Montello e Colli Asolani DOC, Piave DOC, Prosecco DOC,
Recioto di Soave DOCG, Soave Superiore DOCG,
Soave DOC, Valpolicella DOC, Vicenza DOC.

— FRIULI (FRIAUL) —
KÄSE

Carnia/Cuc . . . . Karnische Alpen; Kuhmilch.

Formaggio salato . . . . Val d'Arzino, Spilimbergo;
Kuhmilch; Reifezeit: 2–6 Monate.

Latteria . . . . Friaul; Kuhmilch.

Malga . . . . Udine, Pordenone; Kuh-, Schafs-
und Ziegenmilch;
Reifezeit: 10–20 Tage.

Montasio DOP . . . . Julisch Venetien, Belluno,
Treviso, Padova, Venedig; Kuhmilch.

Scuete Fumade . . . . Karnische Alpen; Kuhmagermilch;
Reifezeit: 1 Monat.

WEIN

Carso DOC, Colli Orientali del Friuli DOC,
Colli Goriziano DOC, Friuli Annia DOC, Friuli Aguileia DOC,
Friuli Grave DOC, Friuli Latisana DOC,
Isonzo DOC, Lison Pramaggiore DOC,
Ramandolo DOCG, Picolit DOCG.

— LIGURIA (LIGURIEN) —
KÄSE

Caprino da grattugia . . . . . . Pieve di Teco, Ortovero,
Valle Argentina,
Cosio di Arroscia;
Ziegenmilch; Reifezeit: 1 Jahr.

Casareccio di Gorreto . . . . . Gorreto; Kuhvollmilch;
Reifezeit: 1 Monat.

Formaggetta di Bonassola . . Bonassola; Kuhvollmilch;
Reifezeit: 2 Monate.

Formaggetta di mucca . . . . Pieve di Teco, Molini di Triora,
Cosio di Arroscia; Kuhvollmilch;
Reifezeit: 2 Monate.

Formaggio caprino
di alpeggio . . . . Valle Argentina; Ziegenmilch;
Reifezeit: 3 Monate.

Formaggio di alpeggio
di Triora . . . . Triora; Kuhmagermilch;
Reifezeit: 12 Monate.

WEIN

Cinqueterre DOC, Colli di Luni DOC, Colline di Levanto DOC,
Colline Genovesato IGT, Colline Savonesi IGT,
Golfo dei Poeti IGT, Golfo del Tigullio DOC,
Ormeasco di Pornassio DOC,
Riviera di Ponente DOC,
Rossese di Dolceacqua DOC,
Val Polcevera DOC.

121

— EMILIA-ROMAGNA —
KÄSE

Casatella romagnola	Kuhmilch; Reifezeit: 30 Tage.
Formaggio di Fossa	Sogliano al Rubicone; Ziegen-, Schafs- und Kuhmilch; Reifezeit: 3 Monate.
Parmigiano reggiano DOP	Parma, Reggio Emilia, Modena, Bologna, Mantova; Kuhmagermilch; Reifezeit: 12–36 Monate.
Pecorino di Vergato	Vergato; Schafsmilch; Reifezeit: 12 Monate.
Primo sale	Piacenza; Kuh- und Ziegenmilch; Frischkäse.
Ricotta di capra	Val Nure, Val Luretta; Kuh- und Ziegenmilch; Frischkäse.
Semitenero loiano	Appennino Tosco-Emiliano; Kuhvollmilch; Frischkäse.
Squaquarone	Castel San Pietro; Kuhvollmilch; Frischkäse.

WEIN

Albana di Romagna DOCG,
Bosco Eliceo DOC, Cagnina di Romagna DOC,
Colli Bolognesi DOC, Colli di Faenza DOC, Colli di Imola DOC,
Colli di Parma DOC, Colli di Rimini DOC,
Colli di Scandiano e di Panona DOC,
Colli Piacebi DOC, Lambrusco di Sorbara DOC,
Lambrusco Grasparossa di Castelvetro DOC,
Lambrusco Salamino di Santa Croce DOC,
Pagadebit di Romagna DOC,
Reno DOC, Reggiano DOC,
Romagna Albana Spumante DOC,
Sangiovese di Romagna DOC, Trebbiano di Romagna DOC.

— TOSCANA —
KÄSE

Caciotta toscana	Maremma; Kuh- und Schafsmilch; Frischkäse.
Pecorino bacellone	Schafsmilch; Frischkäse.
Pecorino di montagna	Amiata, Pratomagno, Colline Metallifere, Mugello; Schafsmilch; Reifezeit: 1–4 Monate.
Pecorino fresco di Pienza	Pienza, Siena, Radicofani, Montepulciano, Montalcino, Trequanda, San Giovanni d'Asso, Torrita di Siena, Castiglion d'Orcia; Schafsmilch; Reifezeit: 40–60 Tage.

Pecorino senese . . . . Siena und Umgebung; Schafsmilch;
Reifezeit: 1–2 Monate.

Pecorino stagionato
di Pienza . . . . Pienza, Siena, Montepulciano,
San Quirico d'Orcia, Radicofani,
Torrita di Siena, Trequanda, San
Giovanni d'Asso, Castiglion d'Orcia,
Montalcino; Schafsmilch;
Reifezeit: 2–3 Monate.

Pecorino toscano DOP . . . . Schafsmilch; 1–6 Monate.

Pecorino toscano da Serbo . Maremma, Grosseto, Siena, Pisa;
Schafsmilch; 3–6 Monate.

Raviggiolo di pecora . . . . . . Schafsmilch; Frischkäse.

Toscanello . . . . Kuh- und Schafsmilch; 2–4 Monate.

WEIN

Alta Valle della Greve IGT,
Ansonica Costa dell'Argentario DOC,
Barco Reale di Carmignano DOC,
Bianco dell'Empolese DOC, Bianco della Valdinievole DOC,
Bianco delle Colline Lucchesi DOC, Bianco di Pitigliano DOC,
Bianco Pisano di S. Torpè DOC, Bianco Val d'Arbia DOC
Bianco Vergine Val di Chiana DOC,
Bolgheri DOC, Bolgheri Sassicaia DOC,
Brunello di Montalcino DOCG,
Candia dei Colli Apuani DOC, Carmignano DOCG,
Chianti DOCG, Chianti Classico DOCG,
Colli della Toscana Centrale IGT,
Colli dell'Etruria Centrale DOC,
Colli di Luni DOC, Colline Lucchesi DOC, Elba DOC,
Maremma Toscana IGT, Montecarlo DOC, Montecucco DOC,
Monteregio di Massa Marittima DOC, Montescudaio DOC,
Morellino di Scansano DOCG, Moscadello di Montalcino DOC,
Parrina DOC, Pomino DOC, Rosso di Montalcino DOC,
Rosso di Montepulciano DOC, San Gimignano DOC,
Sant'Antimo DOC, Toscano/Toscana IGT, Val d'Arbia DOC,
Val di Cornia DOC, Val di Magra IGT,
Vernaccia di San Gimignano DOCG,
Vino Nobile di Montepulciano DOCG,
Vinsanto del Chianti Classico DOC,
Vinsanto di Montepulciano DOC.

— LAZIO (LATIUM) —
KÄSE

Caciotta genuina romana . . Schafsmilch; Reifezeit: 10 Monate.

Cacioricotta fresca . . . . Lenola; Kuh-, Schafs-, Ziegen-
und Büffelmilch; Frischkäse.

Caprino stagionato . . . . Montopoli Sabino;
Ziegenmilch; Frischkäse.

Marzolina . . . . Frosinone, Latina; Ziegenmilch;
Reifezeit: 12 Monate.

Mozzarella di
bufala campana . . . . Campania, Puglia, Lazio,
Büffelmilch; Frischkäse.

Pecorino del pastore
e della Tuscia . . . . Rieti, Frosinone, Latina;
Schafsmilch; Reifezeit: 4–5 Monate.

Pecorino romano DOP . . . . auch Sardinien und Grosseto
in der Toskana; Schafsmilch;
Reifezeit: 5 Monate.

Ricotta genuina romana . . . Schafsmilch; Frischkäse.

Scacione . . . . Agro Pontino; Kuhmilch;
Frischkäse.

WEIN

Aleatico di Gradoli DOC,
Aprilia DOC, Atina DOC,
Bianco Capena DOC, Castelli Romani DOC,
Cerveteri DOC, Cesanese del Piglio DOCG, Cesanese di Affile DOC,
Cesanese di Olevano Romano DOC, Circeo DOC,
Colli Albani DOC, Colli della Sabina DOC,
Colli Etruschi Viterbesi DOC, Colli Lanuvini DOC,
Cori DOC, Est! Est!! Est!!! di Montefiascone DOC,
Frascati DOC, Genazzano DOC, Marino DOC,
Montecompatri-Colonna DOC,
Tarquinia DOC, Velletri DOC,
Vignanello DOC, Zagarolo DOC.

— UMBRIA (UMBRIEN) —
KÄSE

Caciotta al Tartufo . . . . Kuh- und Schafsmilch; Frischkäse.

Pecorino di Norcia
del pastore . . . . Norcia, Cascia, Preci, Poggiodomo;
Kuhmilch; Reifezeit: 4–6 Monate.

Ricotta salata di Norcia. . . . Val Nerina, Norcia, Cascia, Preci,
Poggiodomo, Monteleone di
Spoleto; Kuh- und Ziegenmilch;
Reifezeit: 12 Monate.

WEIN

Allerona IGT, Assisi DOC, Bettona IGT,
Cannara IGT, Colli Altotiberini DOC, Colli Amerini DOC,
Colli del Trasimeno DOC, Colli Martani DOC, Colli Perugini DOC,
Lago di Corbara DOC, Narni IGT, Montefalco DOC,
Orvieto Classico DOC, Rosso Orvietano DOC,
Sagrantino di Montefalco DOCG, Spello IGT,
Torgiano DOC, Torgiano Rosso Riserva DOCG,
Umbria IGT.

— MARCHE (MARKEN) —
KÄSE

Ambra di Talamello . . . . . . Talamello; Schafs-, Ziegen-
und Kuhmilch;
Reifezeit: ca 4 Monate.

Cacio di forma
di limone . . . . Val Metauro; Schafsmilch;
Reifezeit: 4–10 Tage.

Casciotta di Urbino DOP . . Pesaro; Schafs- und Kuhmilch;
Reifezeit: 15–30 Tage.

Pecorino dei
Monti Sibillini . . . . Amandola, Comunanza,
Ascoli Piceno, Sarnano,
Visso, Ussita; Schafsmilch;
Reifezeit: bis zu zwei Jahre.

Pecorino di montagna. . . . . (Marche); Schafsmilch;
Reifezeit: 20 Tage.

WEIN

Bianchello del Metauro DOC,
Colli Maceratesi DOC, Colli Pesaresi DOC,
Esino DOC, Falerio dei Colli Ascolani DOC, Falerio DOC,
Lacrima di Morro d'Alba DOC, Marche IGT,
Offida DOC, Pergola DOC, Rosso Conero DOCG,
Rosso Piceno DOC, Serrapetrona DOC,
I Terrini di Sanseverino DOC,
San Ginesio DOC,
Verdicchio dei Castelli di Jesi DOC,
Verdicchio di Matelica DOC,
Vernaccia di Serrapetrona DOCG

— ABRUZZO (ABRUZZEN)—
KÄSE

Caciofiore aquilano . . . . . . Kuhmilch; Frischkäse.

Cacioricotta
caprino fresco . . . . Schafs- und Ziegenmilch;
Reifezeit: 2–4 Tage.

Giuncatella . . . . Aquila; Schafs- und Ziegenmilch;
Frischkäse.

Incanestrato foggiano
di Castel del Monte . . . . . Castel di Monte; Schafsmilch;
Reifezeit: 8–24 Monate.

Pampanella . . . . Aquila, Castelnuovo di San Pio;
Ziegenmilch; Frischkäse.

Pecorino abruzzese. . . . . . . Schafsmilch;
Reifezeit: 1–12 Monate.

Scamorza passita . . . . Piano delle Cinque Miglia;
Kuhmilch; Frischkäse.

WEIN

Alto Tirino IGT,
Colli Aprutini IGT,
Colli del Sangro IGT, Colli Frentane IGT,
Colline Pescaresi IGT, Colline Teatini IGT,
Controguerra DOC, Del Vastese IGT, Histonium IGT,
Montepulciano d'Abruzzo Colline Teramane DOCG,
Montepulciano d'Abruzzo DOC, Terre di Chieti IGT,
Trebbiano d'Abruzzo DOC,
Valle Peligna IGT.

— MOLISE —
KÄSE

Caciocavallo di Agnone . . . Kuhmilch; Frischkäse.
Fior di latte . . . . Kuhmilch; Frischkäse.
Pecorino del Matese . . . . . . Campitello Matese;
                       Schafs- und Ziegenmilch;
                       Reifezeit: 3–12 Monate.
Pecorino di Capracotta . . . . Capracotta, Agnone, Carovilli,
                       Vastogirardi, San Pietro Avellana,
                       Pescopennataro; Schafsmilch;
                       Reifezeit: 3–24 Monate.
Scamorza molisana. . . . . . . Kuh- und Schafsmilch;
                       Reifezeit: 15 Tage.

WEIN

Biferno DOC, Molise DOC,
Pentro di Isernia DOC.

— CAMPANIA (KAMPANIEN) —
KÄSE

Burrino in corteccia . . . . . . Kuhmilch; Reifezeit: 2 Monate.
Caciocavallo podolico . . . . . Kuhmilch; 3–36 Monate.
Caciotta campana . . . . Bussento, Mingardo;
                       Schafsmilch;
                       Reifezeit: 3 Monate.
Cacioricotta campana . . . . . Ziegenmilch; Reifezeit: 4 Monate.
Caprino degli Alburni . . . . . Monti Alburni; Ziegenmilch;
                       Reifezeit: 4–5 Tage.
Caprino stagionato . . . . Val Cilento; Ziegenmilch;
                       Reifezeit: 1–12 Monate.
Fior di latte lampano. . . . . . Sorrento; Kuhmilch; Frischkäse.
Mozzarella di
  bufala campana DOP . . . . Campania (Kampanien),
                       auch Puglia (Apulien) und
                       Lazio (Latium); Büffelmilch;
                       Frischkäse.

Pecorino campano .... Schafsmilch;
Reifezeit: 3–12 Monate.
Provola affumicata .... Büffelmilch; Reifezeit:3–5 Monate.
Ricotta di bufala .... Caserta, Napoli, Salerno;
Büffelmilch; Frischkäse.
Treccia dei Cerviati
e Certaurino........... Sanza; Kuhmilch; Frischkäse.

WEIN

Aglianico del Taburno DOC, Aversa DOC,
Beneventano IGT, Campania IGT, Campi Flegrei DOC,
Capri DOC, Castel San Lorenzo DOC, Cilento DOC,
Colli di Salerno IGT, Costa d'Amalfi DOC, Dugenta IGT,
Epomeo IGT, Falerno del Massico DOC,
Fiano di Avellino DOCG, Galluccio DOC, Greco di Tufo DOCG,
Guardiolo DOC, Guardia Sanframondi DOC, Irpinia DOC,
Ischia DOC, Paestum IGT, Penisola Sorrentina DOC,
Pompeiano IGT, Roccamonfina IGT, Sannio DOC,
Sant'Agata de' Goti DOC, Solopaca DOC,
Taburno DOC, Taurasi DOCG,
Terre del Volturno IGT,
Vesuvio DOC.

— PUGLIA (APULIEN) —
KÄSE

Burrata .... Kuhmilch; Frischkäse.
Cacifiore .... Kuhmilch;
Caciogargano .... Foggia; Schafsmilch; Frischkäse.
Cacioricotta .... Ziegen- oder Schafsmilch;
Frischkäse.
Canestrato pugliese DOP .. Foggia, Bari; Schafsmilch;
Reifezeit: 2–10 Monate.
Manteca .... Kuhmilch; Frischkäse.
Marzotica .... Lecce; Kuh- und Schafsmilch;
Reifezeit: 10–15 Tage.
Pecorino brindisino ...... Brindisi; Schafsmilch; 2–10 Monate.
Pecorino leccese .... Lecce; Schafs- und Ziegenmilch;
Reifezeit: 3–6 Monate.

WEIN

Aleatico di Puglia DOC, Alezio DOC,
Brindisi DOC, Cacc'e Mmitte di Lucera DOC,
Castel del Monte DOC, Copertino DOC,
Daunia IGT, Galatina DOC, Gioia del Colle DOC,
Gravina DOC, Leverano DOC, Lizzano DOC, Locorotondo DOC,
Martina Franca DOC, Matino DOC, Moscato di Trani DOC,
Murgia IGT, Nardò DOC, Orta Nova DOC,
Ostuni DOC, Primitivo di Manduria DOC ...

... Puglia IGT, Rosso Barletta DOC,
Rosso Canosa DOC, Rosso di Cerignola DOC, Salento IGT,
Salice Salentino DOC, San Severo DOC, Squinzano DOC,
Tarantino IGT, Valle d'Itria IGT

— BASILICATA —
KÄSE

Caciocotto	Schafs- und Kuhmilch; Frischkäse.
Cacioricotta	Schafs- und Ziegenmilch; Reifezeit: 3 Tage bis 4 Monate.
Casiello	Aliano, Gallicchio, Corleto Perticara, Guardia Perticara, Armento, Missanello; Ziegenmilch; Reifezeit: 4 Monate.
Formaggio di capra a pasta fresca	Medio Agri Sauro, Scanzano Jonico, Stigliano; Ziegenmilch; Frischkäse.
Ricotta dura salata	Kuhmilch; Reifezeit: 2–12 Monate.
Scamorza	Kuh- und Schafsmilch; Reifezeit: 15 Tage.

WEIN

Aglianico del Vulture DOC,
Basilicata IGT, Grottino di Roccanova IGT Matera DOC,
Terre dell'Alta Val d'Agri DOC.

— CALABRIA (KALABRIEN) —
KÄSE

Butirro	Cosenza, Catanzaro; Kuhmilch; Frischkäse.
Pecorino con pepe	Crotonese; Schafs- und Ziegenmilch; Reifezeit: 24 Monate.
Pecorino del Monte Poro	Vibo Valentia; Schafs- und Ziegenmilch; Reifezeit: 24 Monate.
Pecorino di Crotone	Crotone; Schafsmilch; Reifezeit: 24 Monate.
Pecorino di Vezzano	Serra San Bruno; Schafsmilch; Reifezeit: 6–12 Monate.
Ricotta affumicata	Kuh- und Ziegenmilch; Reifezeit: 1 Monat.

WEIN

Arghillà IGT, Bivongi DOC, Calabria IGT,
Cirò DOC, Condoleo IGT, Costa Viola IGT,
Donnici DOC, Esaro IGT, Greco di Bianco DOC,
Greco di Gerace DOC, Mantonico di Bianco DOC,
Lamezia DOC, Lipuda IGT,
Locride IGT, Melissa DOC, Palizzi IGT ...

... Pellaro IGT, Pollino DOC,
Sant'Anna di Isola Capo Rizzuto DOC,
San Vito di Luzzi DOC, Savuto DOC, Scavigna DOC,
Scilla IGT, Val di Neto IGT, Valdamato IGT,
Valle del Crati IGT, Verbicaro DOC.

— Sicilia (Sizilien) —
Käse

Caciocavallo palermitano .. Palermo, Trapani, Godrano, Cinisi;
Kuhmilch; Reifezeit: 3–12 Monate.
Canestrato. . . . . Gesamte Insel: Kuh- und
Ziegenmilch;
Reifezeit: unterschiedlich.
Maiorchino . . . . Bosico, Novara di Sicilia,
Montalbano di Elicona, Fondachelli,
Tripi, Santa Lucia del Mela,
Mezzarrà Sant'Andrea;
Schafsmilch;
Reifezeit: 20–30 Tage.
Pecorino siciliano DOP. . . . gesamte Insel; Schafsmilch;
Reifezeit: mindestens 4 Monate.
Piacentinu. . . . . Enna; Schafsmilch;
Reifezeit: 4–6 Monate.
Primusali. . . . . Schafs- und Kuhmilch;
Reifezeit: 1–2 Wochen.
Provola dei Nebrodi . . . . . . Capizzi, Messina, Cerami, Nicosia,
Enna; Kuhmilch;
Reifezeit: einige Tage.
Provola delle Madonie . . . . Monti delle Madonie; Kuhmilch;
Reifezeit: 10–15 Tage.
Provola Capizzi . . . . Capizzi, Nicosia; Kuhmilch;
Reifezeit: 10 Monate.
Provola ragusana. . . . . Ragusa, Noto, Palazzolo Acreide,
Rosolini, Siracusa;
Kuhmilch; Frischkäse.
Provula Casale Floresta . . . Messina, Floresta; Kuhmilch;
Reifezeit: 6–12 Monate.
Ragusano . . . . DOP; Ragusa, Siracusa; Kuhmilch;
Reifezeit: 1 Woche bis 4 Monate.
Ricotta infornata. . . . . Gesamte Insel; Kuh-, Schafs- und
Ziegenmilch; Frischkäse.
Ricotta frisca di piecura . . . Vizzani, Monterosso Alma,
San Fratello, Bivona;
Schafs- und Kuhmilch;
Frischkäse.
Scacciata . . . . Messina; Kuhmilch; Frischkäse.
Tuma. . . . . Tripi, Santa Croce Camerina,
Bivona, Troina;
Kuhmilch; Frischkäse.

129

Vastedda della
Valle del Belice......... Gibellina, Poggioreale, Salaparuta,
Santa Ninfa, Castelvetrano,
Campobello di Mazara, Calatafimi,
Trapani, Agrigento; Schafsmilch;
Frischkäse.

WEIN

Alcamo DOC, Cerasuolo di Vittoria DOCG,
Contea di Sclafani DOC, Contessa Entellina DOC,
Delia Nivolelli DOC, Eloro DOC, Erice DOC, Etna DOC,
Faro DOC, Inzolia DOC, Malvasia delle Lipari DOC,
Mamertino di Milazzo DOC, Marsala DOC, Menfi DOC,
Monreale DOC, Moscato di Noto DOC,
Moscato di Pantelleria DOC,
Moscato di Siracusa DOC,
Nero d'Avola IGT, Pignatello IGT, Riesi DOC,
Salaparuta DOC, Sambuca di Sicilia DOC,
Santa Margherita di Belice DOC,
Sciacca DOC, Vittoria DOC.

— SARDEGNA (SARDINIEN) —
KÄSE

Biancospino .... Tertenia, Nurri, San Nicol Gerrei;
Ziegenmilch; Reifezeit: 15–30 Tage.
Bonassai .... Nuoro, Santa Maria la Palma,
Sinnai; Schafsmilch;
Reifezeit: 20–30 Tage.
Caciotta sarda .... Schafsmilch; Reifezeit: 20–30 Tage.
Caprino a pasta cruda..... Ziegenmilch; Reifezeit: 3–6 Monate.
Casu Axedu............ Ogliastra; Schafs- oder
Ziegenmilch; Frischkäse.
Frue................. Ogliastra; Schafs- oder
Ziegenmilch; Frischkäse.
Dolce sardo .... Arborea, Santa Maria la Palma;
Kuhmilch; Reifezeit: 15–20 Tage.
Fiore sardo DOP .... gesamte Insel; Schafs- und
Kuhmilch; Reifezeit: 2–8 Monate.
Ircano .... Tertenia, Guspini, San Nicol Gerrei;
Ziegenmilch; Reifezeit: 15–20 Tage.
Peretta................ Berchidda, Porfugas; Kuhmilch;
Reifezeit: 2–7 Tage.
Provolone .... Arborea, Santa Maria la Palma,
Bortigali; Kuhmilch;
Reifezeit: 3–6 Monate.
Ricotta salata........... Gesamte Insel; Kuhmilch;
Reifezeit: 20–30 Tage.
Semicotto .... Gesamte Insel; Schafsmilch;
Reifezeit: 2–12 Monate.

WEIN

Alghero DOC, Arborea DOC,
Campidano di Terralba DOC,
Cannonau di Sardegna DOC, Carignano del Sulcis DOC,
Girò di Cagliari DOC, Malvasia di Bosa DOC,
Malvasia di Cagliari DOC,
Mandrolisai DOC, Monica di Cagliari DOC,
Monica di Sardegna DOC, Moscato di Cagliari DOC,
Moscato di Sardegna DOC, Moscato di Sorso-Sennori DOC,
Nasco di Cagliari DOC, Nuragus di Cagliari DOC,
Sardegna Semidano DOC, Vermentino di Gallura DOCG,
Vermentino di Sardegna DOC,
Vernaccia di Oristano DOC.

—

Pizza
Margherita, Pizza Quattro
Stagioni, Calzone, Pizza Aglio, Pizza
Marinara, Pizza Pazza, Pizza Bismarck, Pizza
Napoli, Pizza Frutti di Mare, Pizza Regina, Pizza
Hawai, Pizza Diavolo, Pizza Vegetariana, Pizza Vittorio
Emanuele, Pizza Pioggia, Pizza Mucca Pazza, Pizza
Prosciutto, Pizza Funghi, Pizza Capitan Mutanda, Pizza
Pokemon, Pizza Roma, Pizza Milano, Pizza Genova, Pizza Forza
Italia, Pizza Periodista, Pizza Tedesca, Pizza Inglese, Pizza
Americana, Pizza Luna Piena, Pizza Mezzaluna, Pizza Stella, Pizza
Terrone, Pizza Casalinga, Pizza Carota, Pizza Guglielmo, Pizza Cesare,
Pizza Romana, Pizza Trastevere, Pizza Ufficiale, Pizza Olimpia, Pizza
Bud Spencer, Pizza Totò, Pizza Scuola, Pizza Liceale, Pizza Polizia, Pizza
Provenzale, Pizza Toscana, Pizza Mediterranea, Pizza Mare Mosso, Pizza
Luna Rossa, Pizza Natale, Pizza Uovo di Pasqua, Pizza Piacenza, Pizza
Calcio di Rigore, Pizza Azzurra, Pizza Profumata, Pizza Umberto,
Pizza Filiberto, Pizza Silvio, Pizza Carabiniere, Pizza Erba, Pizza
Quintavalle, Pizza Colossale, Pizza Infernale, Pizza del Prete,
Pizza Triangolo, Pizza Napoleone, Pizza del Monaco, Pizza
Papale, Pizza Vaticano, Pizza Ministro, Pizza Pluviale, Pizza
Estiva, Pizza Invernale, Pizza Primavera, Pizza
Paradiso, Pizza San Pietro, Pizza Mare Mosso,
Pizza San Paolo, Pizza Santo Cielo, Pizza
Natura Pura, Pizza Cervicale,
Pizza Finale Totale.

Die Phantasie der Pizzabäcker ist unbegrenzt. Deshalb sind die Namen der belegten Teigfladen zwar aussagekräftig, aber nicht in Bezug auf den Belag. Angaben zum Belag finden Sie meistens im Kleingedruckten.

Was dann auf der Pizza liegt, können Sie in diesem Glossar unter Fleisch, Fisch oder Gemüse nachschlagen. Im Zweifelsfall bestellen Sie einfach eine Pizza mit freigewählten Zutaten Ihrer Wahl.

Man spricht Deutsch

»Eine Sprache mit vielen Konsonanten ist wie ein Kartoffelacker. Eine Sprache mit vielen Vokalen ist wie ein Blumenbeet«, meinte Enrico Caruso, der große italienische Operntenor. 1921 ist er gestorben.

Italien und die Italiener sind mit vielen guten Eigenschaften gesegnet. Eine erhöhte Affinität für Fremdsprachen gehört allerdings nicht dazu. Meine toskanische Wahlheimat macht da keine Ausnahme.

Schwer verständlich, wenn man bedenkt, dass die überwiegende Mehrheit der ausländischen Touristen in Italien aus deutschsprachigen Ländern kommt und der Tourismus die wichtigste Einnahmequelle ist.

Die größte Anzahl der ausländischen Gäste in italienischen Hotels sind nach Einschätzung der Hoteliers die Deutschen. 63,5 Prozent der Hoteliers setzen sie auf Platz 1, 2 oder 3 der wichtigsten Touristengruppen. 31,0 Prozent der Hotelbesitzer setzen die Österreicher auf die ersten drei Plätze. Damit halten 94,5 Prozent der italienischen Hoteliers Reisende aus deutschsprachigen Ländern für die wichtigste ausländische Touristen-Gruppe (Statistik ISTAT, 2001).

Als Erklärungsversuch für dennoch vorhandene sprachliche Defizite mag folgende Geschichte gelten:

Die deutsche Sprache ist relativ einfach. Wer Latein kennt und mit Deklinationen vertraut ist, der erlernt es in Nullkommanichts. Jedenfalls behaupten das die italienischen Deutschlehrer in der ersten Unterrichtsstunde. Und also geht es los: Der, des, dem, den; die, der, der, die, und so weiter. Ist ja ganz einfach.

Nachdem Sie alles eifrig auswendig gelernt haben, können Sie ein deutsches Buch zur Hand nehmen. Eine wunderschöne Ausgabe, in Leinen gebunden und in einem Leipziger Verlag veröffentlicht. Es handelt von den Sitten und Gebräuchen der Hottentotten. In diesem Buch steht, dass das Volk der Hottentotten Beutelratten züchtet, und diese in Gattern mit Lattengittern hält, um sie vor Gefahren zu schützen. Diese Gatter heißen also Lattengittergatter, und die dort gehaltenen Tiere Lattengittergatterbeutelratten.

Eines Tages fangen die Hottentotten einen feindlichen Attentäter, der die Hottentottenmutter zweier einfältiger und stotternder Kinder ermordet hatte. Die Mutter dieser Kinder heißt im Deutschen also Hottentottenstottermutter und ihr Mörder Hottentottenstottermutterattentäter.

Der gefangene Übeltäter wird umgehend in ein Beutelrattenlattengittergatter gesperrt, kann aber daraus entfliehen. Kurze Zeit später fällt er in die Hände eines Hottentottenkriegers, der schnell seinen Erfolg an den Häuptling des Dorfes weitermeldet. »Ich habe den Attentäter gefangen!« »Welchen?« fragt der Häuptling. »Den Lattengittergatterbeutelrattenattentäter«, stottert der Krieger.

»Aber davon gibt es eine ganze Menge.« entgegnet der Häuptling.

»Ich bin mir nicht ganz sicher« antwortet der Befragte, »aber ich glaube wirklich, dass es der Hottentottenstottermutterattentäter ist.«

»Zum Teufel nochmal!« ruft der Häuptling. »Kannst du nicht gleich sagen, dass du den Hottentottenstottermutterbeutelrattenlattengittergatterattentäter erwischt hast?«

Sie sehen also, Deutsch ist eigentlich ganz einfach. Es braucht nur ein wenig Übung.

Seit 2002 gilt die deutsche Rechtschreibreform. Jetzt kann man Hottentottenstottermutterbeutelrattenlattengittergatterattentäter auch Hottentotten-Stottermutter-Beutelratten-Lattengittergatter-Attentäter schreiben. Das sollte auch den letzten Zweifler von der Sinn- und Zweckhaftigkeit des viel diskutierten Jahrhundertwerkes überzeugen.

La lingua tedesca è relativamente facile

L'Italia e gli italiani sono noti per molte buone caratteristiche, ma non per una particolare sensibilità per le lingue. Difficile da capire, quando si considera che una buona fetta dei turisti proviene dall'estero, di cui la maggior parte da paesi di lingua tedesca (statistica ISTAT), e il turismo rappresenta una importante risorsa economica.

Questo piccolo brano può forse gettare un bagliore di luce su tale osservazione.

Chi sa il latino ed è abituato alle declinazioni l'impara come niente. Questo dicono i professori di tedesco alla prima lezione. E cominciate a studiare: der, des, dem, den; die, der, der, die e via di seguito. È semplicissimo.

Quando avete ben studiato, prendete in mano un libro tedesco. È un magnifico volume, rilegato in tela, pubblicato a Lipsia e tratta degli usi e costumi ottentotti (Hottentotten). Vi si dice che presso quel popolo i canguri (Beutelratten) si trovano in grande numero e vengono catturati e rinchiusi in gabbie (Gatter) munite di copertura (Lattengitter) per proteggerli dalle intemperie. Tali gabbie vengono chiamate quindi in tedesco Lattengittergatter e il canguro prigioniero prende il nome di Lattengittergatterbeutelratte.

Un giorno gli ottentotti arrestano un assassino (Attentäter), uccisore di una madre ottentotta (Hottentottenmutter) che ha due bimbi balbuzienti (Stotterer). Questa madre dunque in tedesco viene detta Hottentottenstottermutter e il suo assassino prende di conseguenza il nome di Hottentottenstottermutterattentäter.

L'uccisore è catturato ed immediatamente rinchiuso in una gabbia da canguro (Beutelrattenlattengittergatter) dalla quale riesce ad evadere. Ma ben presto ricade nelle mani di un guerriero ottentotto, che si presenta al capo annunciandogli: "Ho catturato l'Attentäter!"

"Quale?" gli domanda il capo. "Il Lattengittergatter-beutelrattenattentäter." balbetta il guerriero.

"Ma ce ne sono parecchi," obietta il capo.

"Non ne sono sicuro," risponde a malapena l'indigeno. "Ma penso proprio che sia l'Hottentottenstotter-mutterattentäter."

"Eh, diavolo!" impreca il capo. "Non potevi dir subito che hai catturato l'Hottentottenstottermutterbeutelrattenlattengittergatterattentäter?"

Come vedete, il tedesco è facilissimo. Basta un po' d'applicazione.

P.S. Dal 2002 è in vigore la riforma per l'ortografia tedesca. Ora è possibile scrivere Hottentottenstotter-mutterbeutelrattenlattengittergatterattentäter anche così: Hottentotten-Stottermutter-Beutelratten-Latten-gittergatter-Attentäter. Questo dovrebbe convincere anche gli ultimi scettici della validità di tale opera molto discussa.

Gerd Malcherek:
Almanacco del Monte
Argentario, Vol. 1:
**Quasi tutto ciò che
si può dire su una penisola.**

Formato: 264 pp, 190 x 310 mm
ISBN: 9788887346183
Casa Editrice: Editrice Laurum,
Pitigliano, 2007

www.argentario-almanacco.it

Contenuto: Natura & politica; tutte le spiagge; terra & mare;
passionisti & pirati; geologia & biologia; storia & leggenda;
vita quotidiana & contesto globale; il centrodestrasinistra &
gli illuminati; turismo & vita sommersa; la famiglia & il denaro;
le patate tedesche & i fiori italiani; le specie nel mirino;
la realtà reale & un paese in rete; l'uovo di Pasqua &
il presepio di Natale.

Dove siamo? Come residenti di un comune, come cittadini
di un Paese, come membri della Comunità Europea?
Partecipanti, spesso involontari, di una globalizzazione,
che vuole legare mondi diversi attraverso reti diverse,
che rischiano di non includere tutti.

L'Almanacco del Monte Argentario offre l'opportunità di guardare
più da vicino la nostra regione, la nostra storia e il presente.

Monte Argentario: mondi piccoli e mondi grandi.
Terra perduta, terra da scoprire. Un libro su un paesaggio,
sulle persone e su come gestire i media vecchi e nuovi.
Sulle visioni che diventano realtà, e su quelle che restano tali.
Sulle speranze e i timori.

Non è un libro di celebrazione, ma nemmeno una collezione di
rimpianti. Un libro di trattati di autori che conoscono e frequentano
il Monte Argentario. Con testi di persone che qui vivono.

Con dati, fatti, saggi, interviste, fotografie e illustrazioni.

Gerd Malcherek:
Monte Argentario Almanach, Band 1
**Was man über eine
Halbinsel sagen kann.**

Format: 264 pp, 190 x 310 mm
ISBN: 9788887346183
Verlag: Editrice Laurum,
Pitigliano, 2007

www.argentario-almanacco.it

Aus dem Inhalt: Natur & Politik; Strände & Buchten;
Passionisten & Piraten; Land & Meer; Geologie & Biologie;
Alltag & globale Netze; Tourismus & Unterwasserwelt;
Folklore & Legende; Lokalpolitik & erleuchtete Wesen;
Geld & Familie; Deutsche Kartoffelacker & italienische
Blumenwiesen; Jäger & Gejagte; Wahre Wirklichkeiten &
vernetztes Dorf; Ostereier & Weihnachtskrippe.

Wo stehen wir? Als Bewohner einer Region, Bürger eines Staates?
Europäer? Teilnehmer, oft unfreiwillige, einer Globalisierung,
die alle Weltenden miteinander verknoten will und dabei von
Netzen reden, durch die mancher zu fallen droht.

Der Monte Argentario Almanach bietet eine Gelegenheit,
zum genauen Hinsehen: auf eine Region mit Geschichte
und lebendiger Gegenwart.

Monte Argentario – ein Buch über kleine Welten und große Welten.
Über Heimat, verlorene und zu gewinnende. Über den Umgang
mit alten und neuen Medien. Über Visionen, die verwirklicht
wurden, und andere, die uns besser erspart bleiben.
Über Befürchtungen und Hoffnungen.

Kein Jubelbuch, aber auch keine Kollektion von Quengeleien.
Ein Buch mit Essays von Autoren, die hier leben oder
den Monte Argentario kennen und regelmäßig besuchen.

Daten, Fakten, Essays, Interviews, Fotos und Illustrationen.